教學類叢書

國文疑難彙解

解惑篇

下

王熙元・黃慶萱◉等著

萬卷樓圖書有限公司出版

目　錄

文　學

解　惑　篇

目　錄

文　化　常　識

解　惑　篇

目　　錄

解惑篇

治學方法

人物

目　錄

思　想

解　惑　篇

文學篇

傳統文學式微了？

問 拜讀貴刊第十二期〈傳統文學式微了？〉，對作者能以五千多字而涵蓋了近六十年來的詩、詞、曲、古文及駢文，於每位代表作家的風格品評，復能要言不繁，恰如其分；要不是作者學養之深，器識之宏，又如何能致此？從文中得知作者出自名門，但不知其眞正學歷爲何？有什麼著作？又文中何以獨缺詩的例證，而使前後體例不一致呢？能否爲舉一首，以饗大衆？（臺北讀者．沈耀程）

答 淡江大學中文系教授陳慶煌：首先謝謝您對拙文的雅教，惟溢美之處，實不敢當。本人畢業於國立政治大學中國文學研究所，獲教育部頒文學博士學位。著有《心月慶吟艸》、《斐聲集》、《承暉堂論文集》、《西廂記考述》、《劉申叔先生之經學》，與《韓非子政治學說的理論根基及其體系》等。

大函謂拙文獨缺詩之例證，以致體例不一，所指甚是。不過本人原稿列有彭國棟先生《春暉草堂詩文存》中的《一寸江山一寸血》及《飛將行》（原詩亦見正中書局刊彭著《藝文掌故叢談》正、續集），並加詳細之解說。由於引詩過長，超出預定的字數甚多，故未能刊出，謹此致歉。今人李嘉有（猷）先生謂陳含光詩：「主重性情，然後以文采爲緣飾；不專主一家而自成馨逸。集中七絕之風神倜儻，與七言古詩典重雅麗，無不精工。……其理致之細，與安排之妥，蓋天授非人力也。」茲舉其七絕與七古各一首如下。〈雪屋〉：「雪屋明燈親繡佛，紅鑪芋火坐寒更；銅甌不解年來意，猶作雲帆破浪聲。」〈題江右廖氏所藏米南呂多景樓詩眞跡〉：「老顚顚絕老不休，欲唾四海揮九州。獨攜龍跳虎臥之巨筆，來上凌虛縹緲之飛樓。江山萬怪入椀底，濤波上擊蛟龍愁。千年虹月閟何許？神物坐被君家收。紙痕新若手未觸，押印或恐神所羞。湞陽博古載萬牛，豪奪不得況巧偷，趙璧議以連城酬，散原沮之乃獲留，坐玩經日空咿嚘。即今佳話成隔世，喜今更亂能藏廖廋。君不見故宮寶物山淵侔，倏如落葉遭霜秋，光嶽氣散不可鳩。願君守此過圖球，豈唯老顚精爽應下拜？亦使大弓寶玉勿盡輸胡酋！」（見正中書局刊《含光詩》下册頁一五二及《續入詩》頁四）

附註：

本文參考李猷教授《紅竝樓詩話》、《近代詩介》，汪中教授《六十年來之詩學》、《六十年來之詞學》，賴橋本教授《六十年來之曲學》，以及莊雅州教授《六十年來之古文》、張仁青教授《六十年來之駢文》等專著，謹此深致謝忱。又茲篇曾擴充爲：〈五四以後傳統文學的承續及其困境——以創作爲例〉論文，發表於中國古典文學國際學術研討會，頗獲佳評。今收在臺灣學生書局印行：《五四文學與文化變遷》中，敬請參閱。

——摘錄自《國文天地》七十五年九月號

駢文的源流

問

我國文體除散文、韻文外，別有駢文一體，坊間文學史皆謂：「駢文至南北朝而臻極盛」，於駢文之源流則闕如，請惠予釋示。（桃園讀者·張朝慶）

答

東吳大學中文系副教授林慶彰：前人研究駢文，以為先秦是駢散不分的時代，《詩經》、《尚書》、《左傳》、《國語》、《戰國策》、《易傳》和諸子書，皆駢散兼用。兩漢是駢文的胚胎期，當時如司馬相如、賈誼、枚乘、揚雄、班固等之辭賦；鼂錯、劉向、匡衡等之奏議；班固、蔡邕等之碑板文字等，皆尚駢行，且辭藻優美，已為六朝時代駢文之發展奠下良好基礎。可參考金秬香的《駢文概論》（臺灣商務）、劉麟生的《中國駢文史》（臺灣商務）、張仁青的《中國駢文發展史》（臺灣中華）等書。

——摘錄自《國文天地》七十五年六月號

文言、白話如何區分？

問

本人於研習國文時，有下述疑惑：文言、白話如何區分？是否允許文、白夾纏之文體？學習者又將如何依從？請舉例詳解。（讀者・王振漢）

答

臺灣師大國文系教授王熙元：所謂「文言」，是指比較凝鍊精簡、與口頭語言不同的文辭；所謂「白話」，最直截了當的解釋，就是「明白如話」，也就是口頭怎麼說，筆下便怎麼寫，因此又稱「語體」。用「文言」寫成的文章，稱爲「文言文」；用口語或近乎口語寫成的文章，稱爲「白話文」或「語體文」。

文言與白話的區分，其實很容易，有經驗的人一望可辨，如以

文　學

國中國文第四冊中所選的課文來說，像《孟子．生於憂患死於安樂》一文，便是文言文，其中：「入則無法家拂士，出則無敵國外患者，國恆亡」一句，當然是文言，如果用白話來說，該說成：「如果國內沒有守法不移的忠臣和輔佐政務的賢士，國外沒有敵對國家的威脅或由外而來的侵略時，這個國家往往就會滅亡。」由此可見，文言比白話簡鍊得多，但白話比文言明白好懂，尤其對現代人來說。

又如朱自清的〈春〉一文，其中的文句，像：「盼望著，盼望著，東風來了，春天的腳步近了。」、「小草偷偷地從土裡鑽出來，嫩嫩的，綠綠的。」、「桃樹、杏樹、梨樹，你不讓我，我不讓你，都開滿了花趕趟兒。」全都是明白如話的口語，故〈春〉這篇散文顯然是一篇白話文。

最好的文言與白話，當然是各自保持純粹的程度，純粹精鍊的文言與純粹流暢的白話一樣令人樂於閱讀。寫文章最好避免文白夾纏，否則便文不文、白不白，讀起來令人感覺：文辭既不精鍊，語句也不流暢，好像吃生澀的果子，或者沒有煮熟的飯，令人難以消受。初學的人往往容易犯此毛病，應該多諷誦涵泳精粹的文言文，如《世說新語》、唐宋八大家的古文等；多閱讀欣賞純淨的白話文，如胡適、朱自清的作品。並多留意文言與白話行文與達意的習慣用語不同，如文言感歎語用「嗚呼」，白話用「哎」；第一稱代名詞，文言用「余」或「吾」，白話用「我」；句中句末語助詞，文言多用「之乎者也」，白話多用「的啦嗎呀」。不過太文和太白都不見得好，因爲太文則艱深，太白則淺俗，如果能寫淺近的文言，精鍊的白話，或許能產生調和作用。

——摘錄自《國文天地》七十六年七月號

背誦詩詞沒有用？

問　自古以來，國文老師皆鼓勵學生背誦詩詞，但敝校校長卻對全校宣佈：詩詞太短，背了也沒有用，以後要改。試問在這種情況，國文老師該如何做？（讀者・吳老師）

答　**陽明醫學院副教授張曉風**：你的問題，答案很明顯。誰是學生的國文老師呢？你。你該決定怎麼教，你也許不是全智全能的，你有教學上的困惑不妨和其他國文教員相切磋——我不知道你們校長是不是國文教師出身，我懷疑不是，如果一個人不能以學化學的資格去指導體育，也就不該用任何「非國文的學歷」去指導國文教學。

校長如果好管閒事，隨他。但國文教學本身應有自己一貫的信念和做法，不受外人左右也該是一個國文老師應有的尊嚴。何況學生的記憶正當黃金時代，「藝多不壓身」，讓他們多背點詩詞絕對是有益無害的。

——摘錄自《國文天地》八十一年元月號

什麼是「名言錦句」？

問

國中國文課本第一冊語文常識(三)〈演說訓練〉一文中提及文稿引論的作法有四，其中一項為「名言錦句法」，並說明「名言錦句」即是格言名句。請問在此所指的「名言錦句」是否非前人所熟用的格言或有名的句子不可？若作者能自創佳句，聯綴成文，令人印象深刻，則是否亦可歸納為「名言錦句」呢？例如：同冊範文第二十課朱自清的〈匆匆〉一文，起筆為：「燕子去了，有再來的時候；楊柳枯了，有再青的時候；桃花謝了，有再開的時候。……」可否列為「名言錦句法」的引論呢？（臺南讀者・盧淑玲）

答

政治大學中文系教授董金裕：所謂「名言錦句」既爲格言名句，當然非前人所熟用的格言、有名的句子不可。朱自清〈匆匆〉一文中，起首的：「燕子去了，有再來的時候；楊柳枯了，有再青的時候；桃花謝了，有再開的時候。」即屬名言錦句。不過在運用此引論作法時，應注意所舉的格言名句是否已被過度使用？如已被過度使用，就成爲陳腔濫調了。至於演講者如能自創佳句，聯綴成文，令人印象深刻，也是很好的引論寫作方法，但已不能算是「名言錦句法」了。

——摘錄自《國文天地》八十一年五月號

近體詩的正格與變格

問

據高中《國學概要》下册七十九頁：（律詩）第一句起韻，二、四、六、八句叶韻（首句不起韻，二句起韻的爲變格）。王了一（王力）的《古代漢語》說：「五言律詩以首句不入韻爲正軌」、「七言律詩以首句入韻爲正軌」。謝崧的《詩詞指要》則說：「（絕句、律詩）首句不起韻的是正格，首句起韻的是變格，這一句話，完全是根據格律來說的。」衆說紛紜，莫衷一是，到底判定近體詩「正格」、「變格」的標準是什麼？（臺中讀者・張崑輝）

答

臺灣師大國文系教授陳文華：正變之分的標準，本就依附於研究者的觀點而來，故無法要求其絕對性。因此，假如我們不把它當作是

解惑篇

一種價值判斷（如「正」是好的，「變」即是不好），也就無需強求其統一了。面對紛雜的區分標準，我們的任務主要是去追索其標準的依據，並檢討其可信度如何。

來函所討論的問題，《國學概要》及王了一的主張，其實是可歸併爲一類的。王了一以五言首句不入韻、七言首句入韻爲正例，反之爲變例。（不止律詩，絕句、排律亦然，分見《漢語詩律學》頁十九、廿、卅一、卅八、卅九。）《國學概要》以：「首句不起韻，二句起韻的爲變格」，應是就七言說的，至於沒有提到五言的情況，而讓人懷疑其主張不論五、七言都以首句起韻爲正格，則是敍述上不夠完整明確的緣故，並非表示與王了一有什麼差別。（本人手頭上沒有這本書，不知編者有沒有在其他地方作進一步說明；若無，應可建議再版時稍事修正。）事實上，這一派的說法是很流行的見解，爲一般人所採信。其說的依據，王了一自言是從唐詩統計出來的：「以多見者爲正，少見者爲變。」（同上頁十九）換言之，這是依循普遍性法則建立的意見，以多數來決定主流的地位。但若往深一層說，爲什麼多數的取向又是如此呢？則又牽涉到歷史淵源的問題。原來「五言詩自古是隔句爲韻的，譬如《古詩十九首》的首句就都不入韻；七言詩在古代卻是句句爲韻的，唐人普通的七言詩雖已演變爲隔句用韻，但是首句仍沿著古代入韻的遺規。」（同上頁廿二）因此，王了一的看法，可以說是依據普遍性及習慣性的原則形成的。

謝崧的說法是另一類，他主要是著眼於格律的完整。首先，他把近體五言的句式分爲四式：仄仄平平仄（一式）、平平仄仄平（二式）、平平平仄仄（三式）、仄仄仄平平（四式）。然後推論：若要在一首詩中完全具備這四種句式，便只有在首句不入韻的情況下才可能發生；如首句入韻，便必須重複第二式（平起時）或第四式（仄起時），當然也就會缺了第一式或第三式，而不夠完整了。「無缺故是正格，有缺故是變格」（《詩詞指要》頁十八），是他明白宣示的標準。而這種現象又不限於五絕，七言及律詩都是如此的，因此，他的主張就可以約化爲：凡是「首句不起韻的是正格，首句起韻的是變格」，而不必像王了一一樣要對五七言分別看待了。當然，他的看法較爲新鮮，對近體格律的組合提供了一個有趣的觀點，但因與前述的另一派主張不是站在同一個層次上，也就不必也無從去推究孰是孰非了。

——摘錄自《國文天地》七十五年十二月號

詞比近體詩自由嗎？

問

「以句法而言，詞比近體詩自由」這句話是否正確？（臺北讀者・張華婉）

答

臺灣師大國文系教授賴橋本：近體詩指的是律詩和絕句，律詩有五言律詩與七言律詩兩種，絕句也有五言絕句與七言絕句兩種。一首近體詩的句法是固定的，不是四句（絕句），就是八句（律詩）；不是五字句（五言），就是七字句（七言）；都是整齊的句法。而詞是一種長短句，句法長短不一，從一字句到十字句都有，而且詞有單調、雙調、三疊、四疊之分，有令、引、近、慢之別，字數最少的只有十四字（〈竹枝〉），最多的有二百四十字（〈鶯啼序〉）；

在句數的多寡、句式的長短方面都比整齊的近體詩變化自由，所以「以句法而言，詞比近體詩自由。」這樣的敍述應該是可以成立的。一首近體詩只能用一種句法，而一首詞可以用好幾種長短不齊的句法，是不是詞的句法比近體詩自由呢？但是所謂「自由」並非亂塡，詞的格律仍然相當嚴格，每一個詞牌都有一定的格律，如〈憶江南〉這個詞牌，一共五句二十七字，它的句法是：三五七七五。也就是第一句必須三個字，第二句必須五個字，第三第四兩句必須各七個字，第五句必須五個字，按照這樣的句法塡寫，才合格律。即使格律如此嚴格，〈憶江南〉仍然可以用三種不同的句式，比齊言的近體詩在句法方面自由、變化。

——摘錄自《國文天地》八十一年五月號

文士、樂工倚聲填詞有何不同？

問　周濟《論詞雜著》中說：「北宋詞盛於文士而衰於樂工，南宋詞盛於樂工，而衰於文士。」可否加以說明原因？（花蓮讀者．楊大力）

答　**政治大學中文系教授閔宗述：**「詞」在當時正同於今天的流行歌曲，是要「歌唱」的，所以分為「歌辭」與「歌譜」兩部分，當時唱詞與聽唱詞，風氣很盛，就像今天唱歌與聽歌一樣。文士填「歌辭」，樂工製「歌譜」及演奏，歌伎則演唱。

北宋詞人對音樂的修養，一般而言很少能達到專家的水準，充其量也不過「業餘者」，所以其作品未必能完全合乎音律，但在文學方面卻能暢所欲言，把「詞」（歌辭）當作解放了的詩去作，也就是讓音樂去遷就文辭。晁補之說蘇軾：「居士詞，人謂多不諧音律，然橫放傑出，自是曲子內縛不住者。」這「曲子內縛不住」，也就是不大去理會音律部分，所以晁補之、張耒兩人說蘇軾的詞似詩。這樣一來，對文辭的優美固然有利，對音律的諧美就不免有影響了。因爲「詞」如果塡得不太合律，歌伎與樂工們在演唱及伴奏時，不免對原詞的意境有所扭曲，難以充分表達，所以說「衰於樂工」。這對歌伎與樂工而言，也是無可奈何的事。因爲塡詞的人事先未能嚴格依律去塡。（先有詞調，再依詞調去「塡」詞——自度曲例外。）

到了南宋，朝廷偏安在天氣溫和風光明媚的江南，上自皇家下至士大夫，不免偏向於享樂，講究生活品味，對歌唱的效果要求日益苛嚴，於是講求音律的風氣漸起，詞人們也更注意這一方面的修養，再者他們有不少人頗受周邦彥這位北宋末期律家的影響，又加上南宋早期出現了一個律家姜夔，影響也不少，於是吳文英、王沂孫、張炎、周密……等輩起倡導，但他們駕馭文詞與音律的本領趕不上周邦彥、姜夔，因之不免有讓文辭去遷就音樂的情況，甚至一再修改文辭以求配合音律，唱起來固然諧美，但在文學上就不免有失本懷了，所以說：「盛於樂工而衰於文士。」（張炎在他的名著《詞源》中有〈音譜〉一章其中談到他父親張樞塡詞，在〈瑞鶴仙〉：「粉蝶兒撲定花心不去」中，由於「撲」字不協律，便改成「守」；又作「惜花春起早」有「瑣窗深」之句，「深」字不協，改爲「幽」，又不協，再改爲「明」，歌之始協。就文辭而言，「守」字恐怕不及「撲」字生動；「幽」與「深」尙相近，與「明」則正好相反。「以辭害意」是疵病，而「以律害詞」到這種程度，在當時則認爲理當如此，所以那時候爲音樂而犧牲文意是常有的。）

其實周濟這一說法，也只是就大體言之，並非沒有例外，但看此下：「北宋有無謂之詞以應歌，南宋有無謂之詞以應社……。」一節，便知其梗概。北宋文士也有精通音律者如周邦彥者，南宋文士也有疏於音律者如辛棄疾者，而姜夔在他的〈長亭怨慢〉前面的短

解惑篇

■晏殊〈浣溪沙〉詞境（民初周慕橋繪）

序中說：「予頗喜自製曲，初率意爲長短句，然後協以律，故前後闋多不同。……」這就是他能讓音樂去遷就文辭，令兩者相合而不相乖。大約要既是文學家又是音樂家的周邦彥與姜夔，才更能辦到這一點，可惜的是這種人不多。

目前由於詞的樂譜早已亡佚（南宋張炎在他的〈西子妝慢短序〉中言及：「吳夢窗自製此曲，余喜其聲調妍雅，久欲述之而未能……惜舊譜零落，不能倚聲而歌也。」同時的人，所製的譜都不免零落，何況七、八百年後的今天。）即使能找到殘存的舊譜，如何去正確解讀也很成問題。所以想要再現當時的唱法，恐怕沒有希望，因此僅能去欣賞、研究其文辭部分了。

——摘錄自《國文天地》八十年五月號

莊周「怨悱形於簡册」？

問 曾國藩〈聖哲畫像記〉說：「惟莊周、司馬遷、柳宗元三者，傷悼不遇，怨悱形於簡册。」司馬遷、柳宗元誠然如此；至於莊周，吾人都以爲是曠懷達觀的代表，曾氏爲何如此說？（高雄讀者．吳仲軒）

答 **淡江大學中文系教授莊雅州**：莊子不僅是偉大的思想家，也可說是卓越的文學家，其才氣之高，古今罕見。按理應該得到當時王侯將相的賞識，大展鴻猷，造福社會。但事實上，他卻淪爲漆園小吏，窮得衣敝履穿（《莊子．山木》），甚至貸粟於監河侯（〈外物〉）。任何人處於這種極端失意的困境裡，都難免會憤憤不平的。更何況莊子所處的時代，是人心陷溺、是非混淆，兵燹連年、民生疾苦的亂世，感情熱烈、智慧超人的莊子如果對此漠然無動於衷，那豈不是痲木不仁了嗎？所以，在《莊子》全書中，憤世嫉俗、冷嘲熱諷的言辭俯拾皆是，如：他嘲笑曹商爲秦王舐痔而得富貴（〈列禦寇〉）、戲謔惠施之在相位不啻鴟得腐鼠（〈秋水〉）、諷刺魏王是昏上、魏相是亂相（〈山水〉），甚至大罵「聖人不死，大盜不止。」、「竊鉤者誅、竊國者爲諸侯」（〈胠篋〉）都是非常著名的例子。可見曾國藩〈聖哲畫像記〉說他：「傷悼不遇，怨悱形於簡冊」是十分恰當的。這種表現似乎與他那「上與造物者遊，而下與外死生、無終始者爲友。」（〈天下〉）的曠懷達觀極不相容。殊不知，追根究柢，莊子的曠達乃至於一死生、齊萬物、混善惡、遺形棄知、超塵出世……種種主張，幾乎都是從他那傷悼怨誹的心情發展出來的，正如司馬遷之發憤著述、柳宗元之寄情山水，都與他們的鬱鬱不得志密切相關一般。我們必須知道：一個大哲學家或大文學家，其思想與風格往往是多方面的。莊子的曠達、超然、玄虛……，與他的怨悱、高傲、偏激……，表面上相反實則相成，都是他生命的具體表現，並無矛盾。

——摘錄自《國文天地》七十八年七月號

■莊子像（明王世貞繪）

〈蘭亭集序〉釋義

問

一、《古文觀止》（三民書局出版）收錄的〈蘭亭集序〉，第二段第二句的「俯仰一世」，爲何白話文語譯爲「生活在世上」？

二、（承一）在註釋「③修禊事」中的「不復泥用巳日」一句，何義？

三、（承二）註釋「㉑一死生爲虛誕」及「㉒齊彭殤爲妄作」二句爲《莊子・齊物論》所言，何義？

四、《古文觀止》的〈諸葛亮後出師表〉一文第三段第五行至六行中：「而欲以不危而定之」，白話文語譯爲：「怎麼能不冒危險而安定天下呢」，何故？

五、（承三）第三段末有「則住與行」一句爲什麼翻譯成「那麼攻戰和防守」？

六、（承四）註釋⑦中之「迎置曲阿」爲何義？（臺中讀者．何景華）

答

政治大學中文系教授黃俊郎：來信對三民書局《新譯古文觀止》的註釋、語譯部分，提出六個問題，簡答如下：

一、俯仰一世：「俯仰」一詞，註釋作「周旋、應付」解。周旋，交際、應酬的意思。應付，設法對待或處置的意思。可見「周旋」、「應付」都是人生日常的活動。三民書局《大辭典》上冊二八〇頁收「俯仰」一詞，除了有「周旋、應付」的意思外，並有「起居動作」的解釋，可參閱。一世，是指人活在世上一輩子。所以「俯仰一世」語譯爲「生活在世上」。

二、修禊事：古修禊之俗，於陰曆三月上旬巳日舉行，自魏以後，但用三月三日，不復泥用巳日。泥，音ㄋㄧˋ，拘泥。「不復泥用巳日」，就是不再拘泥於古人採用巳日的舊法。

三、《莊子・齊物論》:「予惡乎知悅生之非惑耶?予惡乎知惡死之非弱喪而不知歸者耶?……予惡乎知夫死者不悔其始之蘄生乎?」根據黃錦鋐教授《新譯莊子讀本》(三民書局出版)的語譯如下:「我怎麼知道貪生不是迷惑呢?我怎麼能知道怕死不是像幼年流落在外而不知回到故鄉那樣呢?」同上篇:「莫壽乎殤子,而彭祖為夭。」根據《新譯莊子讀本》語譯如下:「沒有比夭亡的兒童更長壽的,而活了七百多歲的彭祖是短命的。」

四、而欲以不危而定之:此句若依字面,可直譯作:「卻想不冒危險而安定天下。」語譯改用疑問句,當是為求上下文氣之順暢。

五、則仕與行:仕,停留,指防守。行,行進,指進攻。所以「則仕與行」,語譯為「那麼攻戰和防守」。

六、迎置曲阿:迎接安置在曲阿的意思。曲阿,根據《大辭典》中册二一〇一頁的說明:「縣名。秦置,唐改為丹陽縣,即今江蘇省丹陽縣。見《讀史方輿紀要・江南・鎮江府・丹陽縣》。」

解惑篇

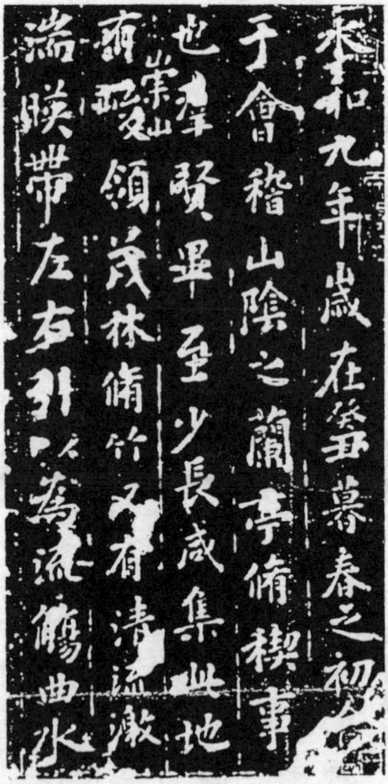

■蘭亭集序

——摘錄自《國文天地》七十七年二月號

《典論》的篇數

問 請問《典論》原來是幾篇？新版高中課本第五冊十三課的「題解」作十二篇（可能根據《古今文選》），但民國五十八年五版（由戴君仁教授改編的）的灰皮高中國文課本第六冊十四課的《典論・論文》作二十篇；而莊嚴出版社的《中國文學欣賞全集》也作二十篇；後來我向師大的老師請教，他說：「依據宋刻本六臣注的呂向說：『文帝著典論二十篇』」，到底何者爲是？（臺中讀者・黃麗芳）

答 **臺灣師大國文系教授王更生**：關於《典論・論文》的篇數問題：《典論・論文》，三國魏文帝曹丕撰。曹丕有《典論》五卷，二十篇，原書已佚，清黃奭及馮翼均有輯本，現存的篇章有〈奸說〉、〈內誡〉、

〈論周成漢昭〉、〈論太宗〉、〈論孝武〉等。〈論文〉爲其中的一篇。根據《三國志・魏志》記載，明帝太和四年（西元二三〇年）二月戊子，曾以文帝《典論》刻石立於廟門之外及太學，凡六碑。後魏孝文帝太和年代（西元四七七～四九九年）猶存其四。《隋書・經籍志》著錄爲五卷，《宋史》以後，始不見著錄，全書大約在宋代失傳。清嚴可均輯其佚文收入《全三國文》卷八，今傳〈論文〉見載於蕭統的《文選》卷五十二。

——摘錄自《國文天地》七十六年十一月號

解惑篇

問

貴刊在三十期（七十六年十一月）的〈解惑篇〉中提到《典論》一書的篇數爲二十，但高中課本（七十六、七十七年度）第五冊十三課竟是十二篇，令人感到困惑？（臺中讀者・黃麗芳）

答

臺灣師大國文系講師莊耀郎：關於曹丕所撰《典論》篇數問題，二十篇說係依《昭明文選・文臣注》本呂向在《典論・論文》魏文帝下注文

文學

的說法，至於他依據何人所書，因年代久遠，典籍散佚，今已難詳稽。不過，呂向注文爲迄今可見最早述及《典論》篇數之記載，可存其說，以俟來學。

實則《典論》的篇數，誠難確知。陳壽《三國志・魏書・文帝紀第二》有云：「初，帝好文學，以著述爲務，自所勒成垂百篇。」裴松之注引王沈《魏書》記載魏文帝與大理王朗書云：「論譔所著《典論》、詩賦蓋百餘篇。」又下文載胡沖吳歷曰：「帝以素書所著《典論》及詩賦餉孫權，又以紙寫一通與張昭。」可見百篇之數乃合《典論》及詩賦而言，非謂《典論》有百篇其明，清孫馮翼輯本以百篇即《典論》之說非是，盧弼已辨甚諟。嚴可均校輯《全三國文》卷八亦嘗案言，孫氏輯本罣漏甚多，間有謬者，未可盡信。盧弼《三國志集解》依《羣書治要》及《意林》二書所錄次第、排比逸文，取孫氏輯本補遺刪複，又參見嚴氏文目復訂之，云《典論》首論禪讓、次論學術、三論漢帝得失、四論政治、五姦讒、六內誡、七酒誨、八論劍、九論文、十論養生、十一終制、十二自敘學術。故十二篇之說

解惑篇

爲後人所述，雖止於輯佚所得，然篇目及文字均可得而稽考。

高中課本第五册第十三課「題解」中所云：「原爲十二篇，今僅存自敍及本篇，其餘斷簡殘編。」之說係依清黃奭《漢學堂叢書》所輯本，不如盧氏之說詳贍得理。蓋《典論》原篇數除呂向二十篇以外，歷代未見有異說，自清人始以輯本訂定爲十二篇，則十二篇的說法非原篇數可知。且題解以《典論·論文》爲僅存完璧，其餘斷簡殘編的說法亦頗有可商榷處，今人王夢鷗教授在所著《古典文學論探索》書中，〈試論曹丕怎樣發現文氣〉一文指出今所見〈論文〉只爲殘篇，於附注十三條下已疑其有下文，舉證甚力。細味〈論文〉篇章，當可首肯。又課本（七十五年版初版本）「題解」中：「清·黃奭·漢學堂叢書」人名之私名號誤將「黃奭」劃爲「黃奭漢」，一併附誌，供作參考。

——摘錄自《國文天地》七十八年元月號

《典論·論文》中的氣

問

高中第四册第十三課《典論·論文》，其中：「文以氣爲主，……。譬諸音樂……。」的「氣」一字，五十八年的灰皮高中課本，解爲「人之才氣」；六十五年的正中課本第四册第七課，解爲「人的才氣」；六十六年的復興本第六册第十七課，解爲「人之才氣」，但黃皮的高中課本，卻解爲「文氣、氣勢」，不知那一種解釋較妥切？（台中大里·張文棨）

答

師大國研所博士班莊耀郎：「氣」字在歷代典籍中的意義有多重解釋。如果要考察曹丕《典論·論文》中「氣」義的確解，可以透過下列的原則來把握它：

解惑篇

一、《典論・論文》文中的上下文義及相關詞義的整體性解釋。

二、作者撰作的時代背景下可以確定出現的可能解釋。若能循上述兩點訓詁原則，就可以得到較爲妥切的答案。

文中：「文以氣爲主……不能以移子弟。」這一小段中就有三個「氣」字。若統一解釋爲「人的才氣」，那麼「文以氣爲主」指的是「（創作）文章以人的才氣爲重要的因素」；「氣之清濁有體，不可力强而致」指的是「各人的才氣有清濁不同的體性，無法由後天的努力達到的」；「引氣不齊」則亦可以解爲在一切客觀條件相同——曲度雖均，節奏同檢——的情況下，基於個人所稟才氣的差異，結果自然也就巧拙有素；而且這種導致不齊、巧拙的根本因素是：「雖在父兄，不能以移子弟」的。換句話說，是性成命定的。這樣一路解下來，不但文理可通，意思明白暢達，而且有統一解釋的方便。同時也符合曹丕時代品論才性的風尚，有時代學術思想背景的支持。按理說，將這段文中的「氣」義訓爲「人的才氣」的解釋是十分可取的。但是若觀照全文，疑點就顯出來了。也就是說，此解在這一小段文中固然可以順暢無礙，且得到統一解釋的效果，然而，卻仍然無法籠罩前文「齊氣」、「體氣」的解釋，而且「才氣」的解釋和文中「文非一體，鮮能備善」、「四科不同，唯通才能備其體」所隱含或所指的才氣，犯了詞義複沓的弊病，無法圓融全文。

至於「文以氣爲主，氣之清濁有體」的氣義依現行課本注釋爲「文氣、氣勢」的說法，則是引用了比曹丕時代晚的劉勰、韓愈的說法來解釋《典論．論文》，在訓詁學上犯了以後律前的謬誤。並且這種解釋也只能合理的解釋前一句——「文以氣爲主」，而無法完足的解釋「氣之清濁有體，不可力强而致」，如果勉强用「文氣、氣勢」來解釋氣的清濁，在文獻上是沒有根據的。只有王充在《論衡》上說過氣性有清濁的分別，還沒有聽說有人論氣勢有清濁的不同。作如此解，也撇開了下文「引氣不齊」，避而不談，更無法關照前文的「齊氣」、「體氣」。因此，作「文氣、氣勢」的解釋，顯然更無法符合《典論．論文》的解釋要求。

前兩解都不能盡如文意，那麼，有什麼解釋能符合前面的要求呢？這就要瞭解曹丕所處的時代背景，是繼承兩漢以來的氣化思想，將氣解釋爲「質性之氣」。這個意義概括了先秦以來「血氣」、「自然生命力」的古義，也加入了兩漢性成命定的氣性說法，當然，也就包含了才性的意義。通過「質性之氣」的解釋，這段文章宜解作：「文章是以（作者的）質性之氣爲根源的。」一句讀當在此處點斷，把這句話作爲這一小段的綱目。下文：「氣之清濁……以移子弟。」是說明這個綱目的。則「人的質性之氣有清濁不同的體性，是無法用後天的人力達致的」順適可解，至於「引氣不齊」也可作「質性之氣」解，也可以更明確的指出它是「音量、音調或音色」的聲氣。當然，這種更具體精微的說法仍涵在「質性之氣」中，同時也具有「雖在父兄，不能以移子弟」的性格的。

「質性之氣」的解釋不但可以避開和「才性」複沓的弊病，也同時可以籠罩前文「齊氣、體氣」的解釋，不致溢出時代的範圍，涵蓋義較廣，可說是曹文中比較適切的一種解釋。

問

曹丕《典論・論文》所言：「文以氣爲主」之「氣」是指什麼？（高雄讀者・周宏松）

——摘錄自《國文天地》七十五年二月號

答

建國中學國文教師楊鴻銘：曹丕《典論・論文》：「文以氣爲主」的氣」字，係指「風格氣勢」而言；但此一「風格氣勢」，係由人天賦之才氣與天賦之性格兩者自然形成的；所以〈論文〉又說：「氣之清濁有體，不可力强而致」、「雖在父兄，不能以移子弟」，與《孟子》：「我善養吾浩然之氣」、只要極度闡揚本性，人人均能成聖成賢的先天之氣是一致的。

蘇轍〈上樞密韓太尉書〉中認爲：「文不可以學而能，氣可以養而致」；「文不可以學而能」的「文」，即曹丕所謂的「氣」；「氣可以養而致」的「氣」，即一般所謂的文學素養。一般所謂的文學素養，包含敍議內容——立意與驅遣文字的能力——謀篇、安章、鍛句、修辭、鍊字；「風格氣勢」則超越於文章的內容與形式之外。

有人認爲曹丕之「氣」係屬曾子「出辭氣斯遠鄙倍」的「辭氣」，顯然未能明識「氣」字。又，蘇轍〈上樞密韓太尉書〉中，援引司馬遷「周覽四海名山大川」、「與燕趙間豪俊交游」，所以「其文疏蕩，頗有奇氣」，頗能與其「氣可以養而致」的論點相符。至於舉《孟子》養氣以證「氣可以養而致」的說法，似乎忽略了先天與後天之氣兩者之間明顯的區別。

——摘錄自《國文天地》七十八年元月號

〈上樞密韓太尉書〉中的氣

問

高中第二冊第十課〈上樞密韓太尉書〉，其中蘇轍提到：「文者氣之所形。然文不可以學而能，氣可以養而致。」但曹丕在《典論・論文》中，卻說：「文以氣爲主，……，不可力强而致。」若按照高中課文的解釋——氣，文氣、氣勢，如此一來，蘇曹二人的主張，豈不是有點互相矛盾？（臺中大里讀者・張文榮）

答

臺灣師大國研所博士莊耀郎：蘇轍〈上樞密韓太尉書〉中的：「文者，氣之所形。然文不可以學而能，氣可以養而致。」文中的氣義，當貫通全文的「浩然之氣」、「氣之大小」、「奇氣」、「志氣」來審察，才知道它所指的是人的自然生命經過德性的存養擴充，和人生豐富的歷練、學問、識見的積儲，種種因素所凝聚形成的「氣質、氣度和胸襟」而言。蘇轍指出文不可學而能是涉及才的問題，但是文章內容所展現的氣質、氣度和胸襟卻是可以經由後天培養的。他的說法和曹丕《典論・論文》所說的各有所指，重點不同，並不矛盾。

——摘錄自《國文天地》七十五年二月號

「徐幹時有齊氣」解析

問

曹丕《典論・論文》中，論徐幹時有齊氣，注釋說：「徐幹爲文有齊人舒緩的語氣。」齊人是指何時何地人？有那些可見的作品？舒緩的語氣到底如何？不舒緩又如何？（新竹讀者・黃文彬）

答

臺灣師大國文系教授王更生：一、齊人指何時何地？

齊，按照古代畫野分州的記載，在《尙書・禹貢》中屬青州，到了春秋戰國爲齊地，秦始皇統一六國後，於此設置齊郡，西漢因襲秦制，又在這裡分置北海郡，東漢又把這裡分別成立了齊、北海、樂安三個國。《三國志・魏書・王粲傳》說：「粲與北海徐幹……」曹丕《典論・論文》說：「北海徐幹偉長」，曹植〈與楊德祖書〉也說：「偉長擅名於青土。」偉長，徐幹字。文中所謂「北海」、「青土」都屬「齊地」。徐幹既然籍隸「北海」和「青土」，當然從狹義方面看，徐幹就是東漢末年的齊人。又根據駱建人先生的《徐幹中論研究》，當時的「北海」、「青土」，約在今山東省壽光縣南。

二、有那些可見的作品？

以徐幹的作品爲例，保留到現在而還能見到的，根據各書所載，開列如下：

㈠論文：《中論》

書分二卷，卷上十篇，卷下十篇，共二十篇。現在臺灣商務印書館印行的縮印江南傅氏雙鑑樓藏明刊本。

書前有四明杜思刻徐幹《中論》序、徐幹《中論》原序和北宋曾鞏的目錄序。曹丕〈與吳質書〉說：「偉長獨懷文抱質，恬淡寡欲，有箕山之志，可謂彬彬君子者矣。著《中論》二十篇，成一家之言，辭義典雅，足傳於後，此子爲不朽矣。」對這部書有很高的評價。

文學

㈡詩

1鍾嶸《詩品》列徐幹爲下品，並錄有他作的〈室思〉詩六首。

2徐陵《玉臺新詠》卷一，錄有徐幹的〈室思〉一首，〈情詩〉一首。

3沈德潛《古詩源》卷六，錄有徐幹的〈室思〉一首，〈人靡不有初〉章，〈雜詩〉一首。

4丁福保編《全三國詩》，錄有徐幹的〈答劉公幹〉、〈情詩〉、〈室思〉一首、〈爲挽船士與新娶妻別〉。根據劉勰《文心雕龍·明詩》說：「建安之初，五言騰踊，文帝陳思，縱轡以騁節，王徐應劉，望路而爭驅。」其中的「徐」指的就是徐幹，可見他的詩作有與衆不同的特色，博得劉勰的讚譽。

㈢辭賦

1.明楊德周輯《建安七子集》，得徐幹辭賦方面的作品有〈西征賦〉、〈序征賦〉、〈齊都賦〉等三篇。

2.清嚴可均《全後漢文》，得徐幹辭賦方面的作品有〈齊都賦〉、

〈序征賦〉、〈哀別賦〉、〈嘉夢賦序〉、〈冠賦〉、〈團扇賦〉、〈七喻賦〉、〈七喻〉等八篇，另有失題的一篇，文中祇有殘文兩句，不成規模。

三、舒緩的語氣到底如何？不舒緩又如何？

這題的答案，可從以下兩個層次來看：首先要給「齊氣」（即舒緩的語氣）——這個專門的術語加以界定；其次再說明「舒緩的語氣到底如何？」以及「不舒緩又如何？」

㈠齊氣的定義：

唐李善注《昭明文選》「徐幹時有齊氣」說：「言齊俗文體舒緩，而徐幹亦有斯累。」並引班固《漢書・地理志》來證明他持論的可信度。自李善以「舒緩」詮釋「齊氣」後，歷代學者如唐李周翰，明胡侍，清黃叔琳、紀昀，民國黃侃、駱鴻凱、郭紹虞等雖不無修正，但大多無異說。

今人劉文典在他的《三餘札記》裡，引《三國志・魏書・王粲傳》注、《文心雕龍・風骨》、《昭明文選》、《藝文類聚》五十三引文，以及《昭明文選》六臣注李周翰注，認為李善注、李周翰注皆以齊俗文體舒緩，是望文生義，曲為之解。但劉氏本人並沒有提出新的說法。

又范寧在他作的〈魏文帝典論論文齊氣解〉（見開明書店發行的《國文月刊》）中略云：傳統注釋說徐幹的文章語氣舒緩，不合事實。「齊氣」當作「高氣」，因為「高」、「齊」二字形近易訛。台大教授廖蔚卿先生從此說（詳見李曰剛先生《文心雕龍斟詮》一二七一頁注⑰引文）。

再王夢鷗先生〈試論曹丕怎樣發現文氣〉（見正中書局出版的《古典文論探索》七十五頁），完全推翻前論，就是范寧的新說，他也以為祇是「近是」，不能算做確解。王先生認為「齊、齋二字通用，齋的涵義是端莊嚴肅。」這和「曹丕〈與吳質書〉云偉長辭義典雅的『典雅』，正是端莊嚴肅的『齊』」，以下王先生又引謝靈運〈擬鄴中七子詩敍〉、曹丕〈與吳質書〉、鍾嶸〈詩品敍〉作對照。最後，他肯定的說：「以此看來，則曹丕的讚美徐幹實逾於王粲。」

解惑篇

通觀各說，我認爲他們的解釋很值得商榷。

1是李善的注解是不是望文生義，曲爲之解？

2是「舒緩」是不是指文章語氣緩慢？

3是有沒有必要打破舊注，另立新說？

這三個問題如能徹底解決，則「齊氣」的眞象，可不辨自明。

首先，李善的注解有根據，並非望文生義。除了他自己徵引的班固《漢書．地理志》外，王充《論衡》卷二〈率性篇〉也有同樣的記載，且較之《漢書》更加顯豁。如云：「凡含血氣者，教之所以異化也。三苗之民，或賢或不肖，堯舜齊之，恩教加也。楚越之人，處莊嶽之間，經歷歲月，變爲舒緩，風俗移也。故曰：齊舒緩，秦慢易，楚促急，燕戇投。」以此相證，李善注「徐幹時有齊氣」，言「齊俗文體舒緩，徐幹亦有斯累。」不能說是望文生義，曲爲之解。

其次，「舒緩」是不是指文章語氣緩慢？李善注祇說「齊俗文體舒緩」，對「舒緩」的意思，沒作進一步的說明，以致後人貼著緩慢、鬆散、鬆弛、怠慢，這些負面的意義立說。其實「舒緩」，也有「優閒不迫」、「從容不迫」或「安泰」的正面意義。如果我們拿它的正面意義，來檢視李善注解時所引的《漢書・地理志》，發現在同一段落裡兩見「舒緩」一詞。第一如：「詩風齊國是也，臨淄名營丘，故齊詩曰：子之營兮，遭我乎嶩之間兮。又曰：竢我於著乎而。此亦舒緩之體也。吳札聞齊之歌曰：泱泱乎，大風也哉！其太公乎？國未可量也。」第二次如：「初太公治齊，修道術，尊賢智，賞有功，故至今其士多好經術，矜功名，舒緩闊達而足知。其失夸奢朋黨，言與行繆，虛詐不情，急之則離散，緩之則放縱。」我們把兩次引文，分別的就其上下文義加以串連，在前後「此亦舒緩之體也」，緊接「吳札聞齊之歌。……」在後段「舒緩闊達而足知」以下，接著就是「其失夸奢朋黨，……」玩味文義，「舒緩」頗有「泱泱大風」和「闊達足知」的意思，和一般人所謂之「舒緩、鬆散、鬆弛、怠慢」扯不上關係。李善注「徐幹文體舒緩」，正是肯定徐幹的辭賦，有齊人優閒不迫的氣勢或風格，並不含鬆散的成分在內。

最後，筆者以爲像處理「齊氣」這一類術語問題，在研究的基本態度上，必須追查李善注中的引文，和與引文有關，以及其所引原文的上下文義、文例，千萬不能遽下斷語，更不可碰到舊注不合己意時，就妄加揣測；或利用訓詁的技巧，來屈人從己，別立新說，這不僅魯莽而且十分危險。所謂「舒緩」的精義，既然不辨已明，則打破舊注，就根本無此必要了。

㈡舒緩的語氣到底如何？不舒緩又如何？

徐幹的辭賦，既然有優閒不迫，泱泱闊達的氣勢，這種語氣的眞象，祇有從吟誦中方可領略。清朝古文家桐城劉海峯先生，對文章的吟誦，有深入體會，他在〈論文偶記〉中，說道：

神氣者，文之最精處也；音節者，文之稍粗處也；字句者，文之最粗處也。然論文而至於字句，則文之能事盡矣。

文學

蓋音節者，神氣之迹也；字句者，音節之矩也；神氣不可見，於音節見之；音節無可準，以字句準之。

凡行文多寡、短長、抑揚、高下，無一定之律，而有一定之妙，可以意會，而不可以言傳。學者求神氣而得之於音節，求音節而得之於字句，則思過半矣。

讀了海峯先生〈論文偶記〉的話，可知朗誦的重要，如果想知道「舒緩語氣」到底如何？最好把他的作品拿來高聲朗誦，這樣徐幹洋溢於字裡行間的那種從容不迫、泱泱大風、闊達安泰的氣象，必可心領神會，了然於胸。正如海峯先生說的，這些祇「可以意會，而不可以言傳」了。

——摘錄自《國文天地》七十八年五月號

別有情味的隱語

問

高中國文第二冊第十二課〈世說新語五則〉，提及〈曹娥碑〉上蔡邕所題「絕妙好辭」的隱語，很有意思，歷史上類似這種作法的名句一定不少，可否舉例言之？（臺東讀者．許記昌）

答

政治大學中文系教授呂凱：蔡邕題曹娥碑背「黃絹、幼婦、外孫、齏臼」，隱含「絕、妙、好、辭」四字，以讚曹娥碑文筆墨之精絕。曹操與楊修同見碑背八字，楊修一見即解，曹操則行三十里後始解，所以有「我才不如卿，三十里覺」之歎，此固在稱美楊修之捷悟，但故事本身，卻更見雋永有味。其實曹娥碑在會稽（今浙江省紹興一帶），地屬東吳，曹操和楊修應未到過。但因曹操和楊修均爲捷悟之人，所以產生這樣雅美而有趣味的故事。類似的故事，在《世說新語》中，尚有數條。如曹操自看相國門，使人題作「活」字。楊一見，即知曹操嫌門太大，門中活，就是「闊」。又如曹操受人餉送一柘酪，自噉少許，於蓋頭上題「合」字以示衆，衆人不解，次至楊修，修便噉，曰：「公教人噉一口，復何疑？」因爲「合」字分開，就是「人一口」。

此類故事，多由會意文字的分合聯想而來。如許愼《說文解字．敍》說：「會意者，比類合誼，以見指撝，𢧐（武）信是也。」《說文解字》說：「𢧐，楚莊王曰：『夫武定功戢兵。』故止戈爲𢧐」。又：「信，誠也，从人言」。段注：「人言則無不信者。」止戈爲「𢧐」，人言爲「信」；與色絲爲「絕」，少女爲「妙」，女子爲「好」，受辛爲「辭」，所用的會意字分合方法，是一樣的。

至於我國歷史上這類隱語的作法，在《世說新語》以前和以後，都曾出現過，不過在《世說新語》以前，常有人利用這種隱語，作爲政治宣傳或政權的爭奪。故事雖也有趣，但已不如前述的有味。如漢光武帝在即位前，他的同學彊華自關中奉赤伏符向他勸進說：「劉秀發兵捕不道，四夷雲集龍鬥野，四七之際火爲主。」四七、二十八，自漢高祖到此時，爲二百二十八年，所以說四七之際。漢爲火德，光武帝以赤伏符承火德而王，所以說火爲主。又如光武帝使他的臣子尹敏，校定緯書。因爲尹敏不信這一套，就故意造了一句讖語說：「君無口，爲漢輔」（君子無口，就是尹字）光武帝見了問尹敏是怎麼回事？尹敏說：「我見很多人造讖語，都升了官，所以我就希圖僥倖，造了這句話。」光武帝雖不以爲然，但也沒有加罪於他。因爲當時的風氣如此。像王莽、公孫述等人，都用過這種方法。

至於在《世說新語》以後的，如《舊唐書．王世充傳》說：「有道士桓法嗣者，自言解圖讖，乃上孔子閉房記，畫作丈夫持一竿以驅羊。釋隋楊姓也，干一者，王字也。王居羊後，明相國代隋而爲帝也。又取《莊子》〈人間世〉、〈德充符〉二篇上之。法嗣釋曰：「『上篇言世，下篇言充，此即相國名矣。明當德被人間，而應符命爲天子矣』。世充大悅，曰：『此天命也』再拜受之，即以法嗣爲諫議大夫。」像此類的作法，在歷史上作爲政治宣傳和爭奪的，例子很多。如《孝經》中黃讖說曹丕當代漢的隱語說：「日載東（曹，同曹）絕火光，不橫一（丕），聖聰明，四百之外，易姓而王，天下歸功，致太平……。」以上的例子，都是見於史書的。不過用作政治的宣傳和政權的爭奪，就沒有《世說新語》中所說那麼清新有味了。

——摘錄自《國文天地》八十年二月號

〈木蘭辭〉的曲譜

問 貴刊第五期中，蔡孟珍先生提到的〈木蘭辭〉唱法，不但適於詩詞教學，而且可以增益個人玩味的深度，可是文字的記載究竟隔了一層，不知道貴刊是不是可以提供〈木蘭辭〉曲譜？（新竹讀者・李美惠）

答 **北市民族國中國文教師蔡孟珍：**〈木蘭辭〉的曲譜極長，僅節錄一小段刊登，讀者如有興趣，詳細曲譜可向臺北市社教館蘇州彈詞訓練班楊錦池先生索取。

文　學

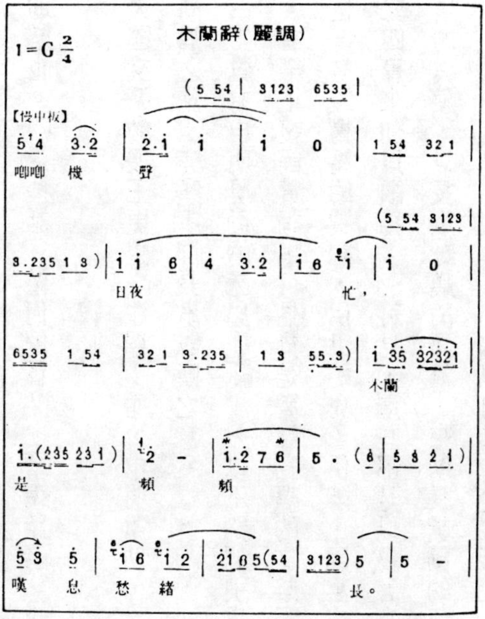

——摘錄自《國文天地》七十四年十一月號

《文心雕龍·頌贊》中的一段話

問

《文心雕龍·頌贊》云：「贊者，明也，助也。……並颺言以明事，嗟嘆以助辭也。」這些話，做何解釋？（臺南讀者·洪慶明）

答

臺灣師大國文系教授王更生：注釋：明，申明；助，獎勸；颺言，即揚聲高唱之意；嗟嘆，即長歌詠嘆之意。

譯白：贊有申明獎勸的意思。……（以下劉勰引虞舜在禪讓的祀典中，有樂正複誦贊詞，可見贊是發聲宣唱的文辭啊！稍後，舜的臣子益，有頌揚禹的贊詞，伊尹的兒子伊陟，因巫咸禳災有功，曾作咸又四篇來加以讚揚。）可見，這些都是以揚聲高唱的方式，申明事情的眞象，以長歌詠嘆的語氣，來助長獎勸的氣勢啊！

——摘錄自《國文天地》七十九年六月號

《文心雕龍・銘箴》中的一段話

問　《文心雕龍・銘箴》云：「銘者，名也，觀器必也正名，審用貴乎盛德。……夫箴誦於官，銘題於器，名目雖異，而警戒實同。……」這些話，請解釋。（臺南讀者：洪慶明）

答　**臺灣師大國文系教授王更生**：校勘：「銘」上原有「故」字；「必也」，唐寫卷子本作「必名焉」；「盛」，唐寫卷子本作「愼」。根據校勘結果，則原文句法可調整爲：「故銘者，名也。觀器必名焉；正名審用，貴乎盛德。……夫箴誦於官，銘題於器，名目雖異，而警戒實同。……」

注釋：銘者，名也：語出劉熙《釋名・釋典藝》，意思是說述其功美，使可稱名。正名審用：正名，使器物和它的名稱相應；審用，是說看器物的作用，來作銘文。箴誦於官：言周時，少師向國王誦箴，以砭王闕。《文心雕龍》卷二〈詮賦〉有：「昔邵公稱，公卿獻詩，師箴，瞍賦。」事詳《國語．周語》上韋昭注。

譯白：故「銘」就是述其功勳美德，使可稱名的意思。觀察器物，必須給予適當名稱；端正名稱，審察功用的原因，旨在重視其戒愼的美德。……古代的箴文，諷誦於官府，銘文，題識於器物，名目雖然有異，而警戒的作用實相雷同。

——摘錄自《國文天地》七十九年八月號

〈江南春絕句〉的平仄問題

問 曾經看過一首詩，它的第三、四句是：「南朝□百□十寺，多少樓臺煙雨中」事後怎麼想也想不出來，問遍班上的「國文大將」們，居然都不知道，想找書又不知從何找起，是否可以告訴我此詩的詩名、作者、全文及其旨義和作法呢？（臺北讀者・章明德）

答 **中山大學中文系講師簡錦松**：這首詩，作者杜牧，題目為〈江南春絕句〉。全詩是：「千里鶯啼綠映紅，水村山郭酒旗風。南朝四百八十寺，多少樓臺煙雨中。」詩人用極輕快的調子來寫江南春間的景物。詩中第三、四句的平仄與常見格律不同。常見的律句為「平平仄仄平平仄，仄仄平平仄仄平。」這裡變成了「平平仄仄仄仄仄仄，仄仄平平平仄平。」請注意上句有四個以上連續的仄聲字（由第七字算起），下句第五字應仄而平，這是一種被承認合乎絕句格律的特殊律法，叫作「拗句」或「雙拗」（參見本刊第四期陳文華先生的大文）。

——摘錄自《國文天地》七十四年十月號

〈桃花源記〉中何謂悉如外人？

問

高中國文課本第一冊第十四課〈桃花源記〉「其中往來種作，男女衣著，悉如外人」，坊間參考書多把「男女衣著，悉如外人」譯成：「男女衣服穿著，完全和外界的人一樣。」然而課本注釋〈桃花源〉詩：「俎豆猶古法，衣裳無新製。」又王維〈桃源行〉：「居人未改秦衣服」，所以這「悉如外人」應改成「和外界隔開的人」，其意指衣著和魏晉時不同，不知何者正確？（臺北讀者・張忠達）

答

成大中文系教授呂興昌：〈桃花源記〉之「男女衣著悉如外人」與〈桃花源詩〉之「衣裳無新製」，乍看之下，似有扞格，難免令人滋生孰是孰非之疑慮。然細味記文所述武陵漁人進入桃花源，但見：「土地平曠，屋舍儼然，有良田美池桑竹之屬，阡陌交通，雞犬相聞」，當可瞭解漁人所至之處，與一般人間並無不同。因此接云：「其中往來種作，男女衣著，悉如外人；黃髮垂髫，並怡然自樂」，即就此類疑點更予强調，意謂：此一桃源世界，固極隱祕，初入其境，難免忐忑，及經目睹，反不覺有何怪異之處；舉凡土地屋舍、良田美池、桑竹阡陌、雞犬人衆、黃髮垂髫、種作衣著，外界之所有，此中並無缺。所謂「男女衣著悉如外人」正指此中人與習見之人間，均有衣飾文明之裝扮，絕非斷髮裸身之蠻荒，漁人初未注意桃源人家服飾之新製抑舊樣。及村中人咸來問訊，並道及先世避秦來此，不知有漢，無論魏晉，始特別意識到其人服飾款式之不類於今，此固情理之常有。故記文「悉如外人」乃就衣飾之有無言，詩句「衣裳無新製」則就衣飾之款式言，二者所指非一，實無衝突。

再就詩文修辭言，記文述漁人一路耳目所聞，初見人衆，不知何許人，乃未暇辨識其衣著之款式，而〈桃花源詩〉劈頭即云：「嬴氏亂天紀，賢者避其世」，固已斷言其非平常之人，故在「春蠶收長絲」，卻又「秋熟靡王稅」此一「免稅」事實，以及「俎豆猶古法」之現象下，就服飾款式之今昔有別，對照現實世界之不如人意，自屬行文之水到渠成。

——摘錄自《國文天地》七十五年九月號

「元方入門不顧」是否不禮貌？

問 〈陳元方答客問〉一文中，末句為「元方入門不顧」，但該文是要告訴學生：「陳元方是一個很有禮貌的人」，這樣是否矛盾？（花蓮讀者・富北國中教師譚佩儀）

答 **高雄師大國研所教授蔡崇名**：〈陳元方答客問〉一課寫陳元方雖然只是一位七歲的小孩，但對於無信無禮的人，他敢勇於指責，是一個有口才有膽識而且很聰敏的孩子，因為那位客人在他面前痛罵他的父親，這是令人無法忍受的事情，儘管那位客人最後已有慚愧的意思，想再逗元方，但是元方仍然「入門不顧」；以這種溫和沈默的態度，對待一個無信無禮還膽敢對人罵他父親的人，並不過分，也不失禮，所以元方不但知禮而且有口才和膽識，在課文內容上並沒有矛盾的地方。

——摘錄自《國文天地》八十一年四月號

〈大唐中興頌〉的字數

問 幼獅《大學國文選》中〈大唐中興頌並序〉全文二百六十三字，爲何在題解中云：「分寫二十一行，每行二十字……」如此則爲四百廿字矣，不知何故？（讀者．王企縈）

答 **逢甲大學中文系講師楊振良**：根據楊震方《碑帖敍錄》的記載說〈大唐中興頌〉楷書二十一行，行二十字。「字徑四寸五六分，自左而右，在湖南祁陽縣浯溪摩崖。上元二年（西元七六一年）撰，大曆六年（西元七七一年）刻，書風極磊落奇偉，文辭亦古雅，因石質堅硬，故歷千餘年尚保存完整。俗稱《摩崖碑》。後世摹刻甚多，四川一地即有三種，一在劍州（今劍閣縣）鶴鳴山，一在資州（今資中縣）北岩，一在資州東岩。又銅梁江上亦有複刻，宋黃庭堅涪溪題名並詩石刻，在〈大唐中興頌〉左側，字奇偉可喜，後人稱爲『小接崖』，保存極完好。」幼獅《大學國文選》的資料應與此同一來源，當爲無疑。

■大唐中興頌拓本：元結之文，顏真卿之筆

——摘錄自《國文天地》七十六年五月號

陶淵明、柳宗元的詩風比較

問

《唐詩三百首》中陶淵明和柳宗元的作品不多，在那些書中可找到較多他們的作品呢？陶柳二人詩的風格如何？又有些什麼差異呢？

（臺北讀者・章明德）

答

中山大學中文系講師簡錦松：《唐詩三百首》當然不會有晉朝陶潛的作品。柳宗元的詩作本來不多，所以選得少了。你想找到比較多的陶、柳詩，可以看他們的全集，《陶淵明集》以里仁出版的本子最好。《柳宗元集》印得最精美的是廣文書局根據世綵堂本影印的一種，近年也有標點本，可以向漢京出版社洽購。

這兩家的詩風有什麼差異呢？陶詩給人的感受，就像春夏的季節，柳詩就像秋冬的季節。怎麼說呢？讀陶詩的時候，即使他寫得那麼平淡，近於貧寒了，還是很愉悅，有一種激動的生命的感覺。

讀柳詩的時候，常常處在作者自我剖白的不安和絕望中，柳宗元是那樣淨潔的人，他的詩也是冷嚴清白，稜稜生寒。

——摘錄自《國文天地》七十四年十月號

■柳宗元像

〈古意呈喬補闕知之〉詩解

問 沈佺期〈古意呈喬補闕知之〉一首，是否有特別含意？（臺北讀者．陳紹義）

答 銘傳商專副教授許清雲：沈佺期〈古意呈喬補闕知之〉七律一首，《全唐詩》所錄，詩題一作〈古意〉，又作〈獨不見〉。〈獨不見〉是樂府詩題。據沈雲卿本集，則此詩乃呈於喬補闕之作，題曰〈古意〉，謂借梁武帝〈河中之水歌〉中之盧家少婦，以爲一篇之結構。由樂府〈獨不見〉之曲，湊合之以寓無限之離思也。今單就首尾兩聯之安排，亦可肯定本詩係從古樂府脫化而來，因此這是一首律化之樂府詩。《樂府解題》云：「獨不見，傷思而不得見也。」即本詩之命意取向，蓋言不得見其夫。或謂不見已之愁苦，亦通。詩是寫閨中思婦懷念邊塞征人，由於戰事未已，使其享受不到幸福之家庭生活。而首聯以雙棲起興，極寫一對新婚夫婦之恩愛非常，乃就反面映射獨不見之詩趣；續下六句，全寫思婦淒涼之況味，悲喜對比，益呈露出悲惋傷感無限。若謂此詩是否有特別含意，邱燮友先生《新譯唐詩三百首》云：「這是一首諷諭詩，借閨婦的口吻，反對初唐皇室開拓疆土的野心。」日本森大來《唐詩選評釋》云：「雲卿此作，想在中宗初年，與杜審言輩，被流配於嶺表，當時以喬知之補闕，在京師作官，故以天涯遷謫之恨，託於少婦別愁離緒，而遙寄於喬，以訴哀無疑也。然不敢明言，而以古意爲題。所謂守溫柔敦厚之敎也。」皆言之有理。特迻錄供陳先生參考。

——摘錄自《國文天地》七十七年八月號

「司馬青衫」的典故爲何？

問

革命先烈林覺民赴義前別妻書中有一句：「司馬青衫，吾不能學太上之忘情也。」請問應作何解釋？（讀者．楊松波）

答

臺灣師大國文系教授王熙元：唐代名詩人白居易，在他膾炙人口的一首七言古詩〈琵琶行〉中，描寫商婦彈奏琵琶的聲調與技藝之後，再敍述她身世之淒涼悲苦，使詩人頗有「同是天涯淪落人」之感，當時「滿座重聞皆掩泣」，最後說：「座中泣下誰最多？江州司馬青衫溼。」那時白居易正擔任江州司馬的官，青衫是唐代的官服。林覺民借用這個典故，形容自己流了很多淚，就像當年江州司馬淚溼青衫一般。

又宋代古文大家歐陽修，在〈祭石曼卿文〉的末尾，不勝悲愴地說：「嗚呼曼卿！盛衰之理，吾固知其如此；而感念疇昔，悲涼悽愴，不覺臨風而隕涕者，有媿乎太上之忘情。」「隕涕」就是落淚，太上指至聖之人。聖人之心，寂然不動情，有如遺忘人還有情感。《晉書．王衍傳》及《世說新語．傷逝》作「聖人忘情」，語意相同。林覺民在別妻書中，寫他對夫妻即將生離死別，不禁悲傷落淚，而不能學聖人般忘情而不流淚，故又借用此意，以表達他內心的傷痛，足見他對妻子感情之深切。

——摘錄自《國文天地》七十五年五月號

「名譽不如心自肯，文辭終與道相違」何解？

問

我在《中國文學欣賞舉隅》中，讀到作者引陸放翁：「名譽不如心自肯，文辭終與道相違」句時，似有所悟；自肯以道為範疇，不以人言而左右。然放翁原意若何？不敢妄測，請惠予釋示，並祈錄原詩全文。（彰化讀者．薛文棟）

答

淡江大學中文系副教授顏崑陽：您所記與原詩略有出入，「妨」誤作「違」，義雖可通，但「妨」字為韻腳，不得他誤。放翁此詩題作〈老學庵〉，全篇如下：

文學

窮冬短景苦匆忙，老學庵中日月長。
名譽不如心自肯，文辭終與道相妨。
吾心本自同天地，俗學何知溺粃糠。
已與兒曹相約定，勿爲無益費年光。

放翁原意與您所悟稍有不同。「名譽」指來自外在之名聲讚譽，上句意謂：「與其追逐外在的名聲讚譽，不如從內心自求肯定」，而此「心」須是與天地同一之心，故第五句呼應云：「吾心本自同天地」，此意應近於《莊子．逍遙遊》：「舉世而譽之而不加勸，舉世而非之而不加沮」，「勸」者歡舞，「沮」者頹喪，毀譽在我而不在他人。「文辭」應指一般俗學之語言文字，「道」指最高眞理。下句云：「一般俗學的文辭，終究與至道相違背，無法表達最高的眞理」，故第六句呼應云：「俗學何知溺粃糠」，「粃糠」指學問的渣滓。此意亦出於《莊子》「大道不稱」（〈齊物論〉）、「意之所隨者（道），不可以言傳」（〈天道篇〉）。傅庚生《中國文學欣賞舉隅》引放翁這兩句詩嘆惋孟浩然、陶穀、柳永以文章干求功名不遂之事，是將「道」解爲「政治抱負」，此乃斷章取義之別解，非放翁本意。

——摘錄自《國文天地》七十四年十二月號

東坡「赤壁」三問

問

一、亂石崩雲，「雲」作何解？

二、驚濤「裂」岸或「拍」岸？

三、〈赤壁賦〉中的虛與實如何？（臺北讀者．師大附中教師馬玲華）

答

臺灣師大國文系教授陳滿銘：一、「亂石崩雲」之「雲」，仍作「雲」的本義解。「崩雲」即「使崩雲」，用的是「夸飾」的修辭技巧。全句意謂：「高低不平的崖石高聳入雲，好像要刺破雲層，使它崩塌下來一樣」。

二、「驚濤裂岸」之「裂」，一本作「拍」。以修辭之技巧

西望夏口東望武昌山川
相繆鬱乎蒼蒼此非孟德
之困於周郎者乎方其破
荊州下江陵順流而東也
舳艫千里旌旗蔽空釃
酒臨江橫槊賦詩固一世
之雄也而今安在哉況吾与
子漁樵於江渚之上侶魚
鰕而友麋鹿駕一葉之扁
舟舉匏樽以相屬寄蜉
蝣於天地渺滄海之一粟
哀吾生之須臾羨長江之
無窮挾飛仙以遨游抱

■蘇東坡自書的《赤壁賦》

看，「拍」不如「裂」，因為「拍」的衝擊力較「裂」為小，既不足以描繪波濤洶湧，像要撕裂崖岸的樣子，配合「亂石崩雲」來寫赤壁山水的險峻，更不足以形成有力的氣勢，以帶出「捲起千堆雪」的豪壯景象。因此，一般的選本都用「裂」而不用「拍」。

三、蘇軾〈赤壁賦〉一文，透過客主間的問答，由情入理，化懷古慨今的悲咽為超脫人生的歡悅。根據目前可考的資料，實在無法證明非實情實寫，所以不宜把它當作「寓言」性的文章看待。再說，讀此文主要在於得其「魚」，至於

「筌」究竟是虛還是實？似已變得無關緊要，這或許是作者不指明「客」是誰的原因吧！

——摘錄自《國文天地》八十年十一月號

《赤壁賦》弦外之音

問

蘇軾和客人泛舟遊赤壁，引客人所言藉敍人生宇宙眞諦，請問蘇東坡的《赤壁賦》有何言外之意？另外請詳解「馮虛御風」四字。（讀者·韋淑花）

答

嘉義女高圖書館主任高明誠：蘇子所遊黃州之赤壁，據沈復《浮生六記》：「在黃州漢川門外，屹立江濱，截然如壁，石皆絳色，故名，水經所謂赤鼻山是也。」現行高級中學國文第五册第七課錄有此賦。首句：「壬戌之秋，七月旣望，蘇子與客泛舟遊於赤壁之下。」課本句讀恐有誤，蓋泛舟之「舟」與壬戌之「秋」，押韻，舟字下宜用逗號。班固云：「賦者，古詩之流」，「不歌而誦謂之賦」，要以規諷爲歸，楚人之騷即賦之最富麗者也，自以用韻爲準則，亦間有不用韻者，以義在託諷，故謂之賦耳。東坡赤壁前後兩賦，皆有韻之散文，與韓愈之〈進學解〉同。

東坡深解佛理，胸次浩闊，故於塵世一切，無幾毫沾滯。每誦此賦，輒令人有遺世獨立之感。「逝者如斯，而未嘗往也；盈虛者如彼，而卒莫消長也。」此言水似流轉不停，而本體實未嘗變動，月雖似有盈虛圓缺，而終未嘗增減。佛教講輪迴因果律，頗似自然科學上所謂「物質不滅定理」，東坡藉江水與明月的不增不減，開示諸法相不生不滅。「未嘗往」者，譬若吾人肉體生生死死輪迴不已，而靈性自若也。以佛教之眼光來鑑賞此賦，確是一篇「文以載道」之傑作。

《摩訶般若波羅密多心經》：「是諸法空相，不生不滅，不垢不淨，不增不減。」諸法皆空，法本無法，形本非形，有形終是假，無相是眞人。故吾人應借假（肉體）修眞（靈性）。衆生具足法身眞空妙性，亙古今不曾生不曾滅，不變不移。如虛空，似蓮花不著水，也不垢穢，常卻如然，如水中月。在聖而不餘，在凡而不欠，如如自然，無欠無餘。蘇子曰：「客亦知夫水與月乎？」，「客」字暗示一般衆生。迷則衆生，覺悟則成佛矣。

客有吹洞簫者，客不只一位，其中一位善吹簫者，乃楊世昌，字子京，即綿竹道士。按東坡〈次孔毅父韻詩〉：「不如西州楊道士，萬里隨身只兩膝。沿流不惡泝亦佳，一葉扁舟任飄忽。夜來飢腸如轉雷，旅愁非酒不可開。楊生自言識音律，洞簫入手清且哀。」世昌不但喜吹洞簫，且解音律，猶效觀世音之清高慈悲。縱一葦之所如，譬如靈魂之升降，水舟沿泝任飄忽，升天入地任君擇，萬法由心起，遷善祛惡亦一念之轉耳！

馮虛御風，課本注釋引《莊子．逍遙遊》：「夫列子御風而行，泠然善也。旬有五日而後反。」此太空探險之濫觴也。多年來教授斯篇，常疑「旬有五日而後反」，今以登月成功證之猶信！首次登月起飛至降落地球，往返恰好十五天，休斯敦太空中心有案可稽。足見列子、墨子、莊子，皆中國最早之科學預言家也！又《莊子．

外物》云：「木與木相摩則燃，金與火相守則流，相守則流，陰陽錯行，則天地大絯（動也），於是乎有雷有霆。」此蓋電學化學之權輿也。

全賦歸宿，在消受眼前無邊風月，借吹簫客發出一段悲感，然後暢陳自己胸襟，莊子所謂：「上與造物者遊，而下與無死生無終始者為友」；東坡此賦，全得其理。客所言，皆盛衰不常，人生似幻之感；主所答，皆妙達造化，訴契道眞，遺落世事之語。論其文境，純是天機鼓動，雖便東坡復作一篇，亦未能如此調適暢達也。

——摘錄自《國文天地》七十五年十一月號

「腹有詩書氣自華」出自何人詩句？

問

一、「腹有詩書氣自華」不知出自何人詩句？如何語譯？

二、一份刊物的誕生，第一期勢必定名為「創刊號」，主其事者並需撰寫「發刊詞」，請問這「發刊詞」是否有一定的規範可循？如何撰寫？有否專書討論？（臺中讀者・龔超）

答

臺灣師大國文系教授許錟輝：一、「腹有詩書氣自華」見蘇軾的〈董傳留別詩〉。謂飽讀詩書，氣質自然華美高貴。

二、創刊號的發刊詞並無一定規範，但創辦一份刊物，總是有它的既定理想和期許，這應該是發刊詞中的主要部分，其餘也就人各異詞了。

——摘錄自《國文天地》八十一年四月號

〈送東陽馬生序〉中的小疑問

問

關於高中國文第三冊新編課程〈送東陽馬生序〉一文中，提到：「今諸生學於太學，縣官日有廩稍之供，父母歲有裘、葛之遺，……」，至於上述，未能有明確的解說，能否予以明確的答案？（臺中讀者．簡銘儀）

答

高雄師大國文研究所教授蔡崇名：簡老師所提宋濂〈送東陽馬生序〉文中：「今諸生學於太學，縣官日有廩稍之供，父母歲有裘、葛之遺，無凍餒之患矣。」一小段的文義有兩種說法：

一說，天子每月都供給糧食，父母每年也都供給一年四季所穿之衣服。

■〈送東陽馬生序〉的作者：宋濂

二說，天子每日都供給太學生糧食，亦供給太學生父母衣食，使太學生無後顧之憂，專心於學。

這兩種說法以第一種說法較正確。這一小段是說明代的太學生在太學就讀時，沒有凍寒和飢餓的顧慮。而「縣官日有廩稍之供，父母歲有裘、葛之遺。」是兩句相對的句子，一說食的方面，另一說衣的方面，這兩句是平行的，句型相同，解釋自然不宜有差異。食的方面是天天有政府供給的糧米可吃；衣的方面是年年有父母供應的衣服可穿，所以，這一段的意義是說：現在太學生在太學就讀，天天有政府供給的糧米可吃，年年也有父母供應的衣服可穿，因此，便沒有凍寒和挨餓的憂慮了。應當以第一種說法較正確。

——摘錄自《國文天地》八十一年元月號

關於〈四塊玉〉中襯字的問題

問

國中國文第六冊第五課〈元曲選〉第一首關漢卿的〈四塊玉．閒適〉「舊酒沒，新醅潑。老瓦盆邊笑呵呵，共山僧野叟閒吟和，他出一對雞，我出一個鵝，閒快活。」此首曲的「襯字」為那幾個字？坊間參考書（翰林出版社、高昇出版社）多作「共」、「一對」、「一個」，但《元人散曲選詳註》（學海出版社，曾永義、王安祈選註）卻作「共」、「他出」、「我出」。（南投讀者．李秀娥）

答

臺灣大學中文系教授曾永義、清華大學中語系副教授王安祈：按鄭因百先生《北曲新譜》（藝文印書館，西元一九七三年），南呂〈四塊玉〉第五、六兩句中間一字皆應作去聲，故關漢卿此曲當以「一對」、「一箇」爲正字。

又加襯必須以「不妨礙腔調節拍」爲前提，襯字歌唱時不能佔節拍，只能在音節空隙中搶帶而過，故加於句首者最爲常見。若以「一對」、「一箇」爲正字，則符合此一慣例；若以「一對」、「一箇」爲襯字，則是加襯於倒數第一、二字之間，但三字句的第二、三字間音節縫隙多半狹小，應不易加襯，故「一對」、「一箇」仍當作正字爲是。

有關襯字的問題，可參考下列諸書（文）：

一、〈北曲格式的變化〉，鄭騫，《大陸雜誌》一卷七期。

二、〈論北曲之襯字與增字，鄭騫，《幼獅學誌》十一卷二期。

三、《北曲新譜》，鄭騫，藝文出版社。

四、《北曲套式彙錄詳解》，鄭騫，藝文出版社。

五、〈北曲格式變化的因素〉，曾永義，收入曾著《說俗文學》一書，聯經出版事業公司。

六、〈中國詩歌中的語言旋律〉，曾永義，收入曾著《詩歌與戲曲》，聯經出版事業公司。

——摘錄自《國文天地》八十年六月號

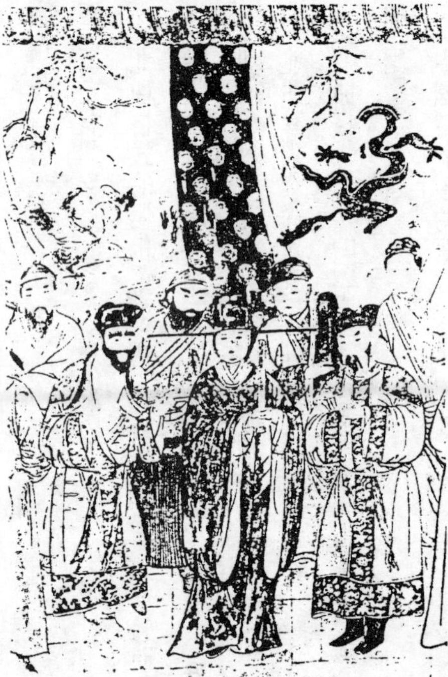

■山西洪洞縣廣勝寺內的元戲曲場壁畫

張可久〈水仙子〉曲的疑義

問

高中國文第五冊第十六課〈散曲選〉，〈水仙子〉（春晚）一曲中的「海棠鸎鴿，巖花杜鵑，楊柳秋千」，此三景在此有何代表意義？又「杜鵑」宜解為「杜鵑鳥」或「杜鵑花」？（臺南讀者・洪慶明）

答

政戰學校中文系副教授黃文吉：張可久這首〈水仙子〉，是寫晚春時候，回憶去年南浦送別，思念遠人的作品。他最後用景物作結：「可憐景物依然，海棠鸎鴿，巖花杜鵑，楊柳秋千。」很顯然地，他是借著景物的不變，來襯托人事已非的悲哀。《國文天地》出版的《高中國文動動腦》就如此分析說：「這三種景都是極其精致優美，並且女性化的景，這種景致原是適合雙雙儷影，同賞共玩的，但作者卻利用純靜態的羅列筆法，將這幅圖景展示出來，讓讀者從他刻意雕琢的美景中，嗅到了異乎尋常的冷硬與孤寂，從而領會到了作者『此去經年，應是良辰好景虛設，便縱有千種風情，更與何人說』的惆悵心境，靜態的景，象徵著人活力的喪失，景致愈美愈襯出人事的虛寂——『物是人非事事休』。」（冊五，頁二三六）

此外，我們如果再深入探索，可發現作者鏡頭特寫這三種景物的意義：「海棠鸜鵒」，鸜鵒俗名八哥，牠固然巧言可學人語，但畢竟無法取代人，亦映襯出別後無人言語的孤寂。「巖花杜鵑」，杜鵑鳥的鳴聲是「不如歸去」，非常淒厲，直可令離人泣血。「楊柳秋千」，秋千是古代女子消遣玩樂的東西，但人去之後，只剩空空蕩蕩的秋千懸在那裡，多麼淒涼的畫面。尤其秋千懸在楊柳上，古人折柳相送，「柳」與「留」諧音，希望對方能留下來，但留下的只是秋千，豈不令人感傷？從這些景物的深層意義，可印證「一切景語皆情語」（王國維語），言之不虛也。

至於「巖花杜鵑」，個人認爲應解作「杜鵑鳥」較妥當，因爲這三句是鼎足對，「巖花」、「杜鵑」解作兩種不同的景物，才能和「海棠、鸝鴿」、「楊柳、秋千」對仗工整，而且多一種杜鵑鳥，可使傷心的氣氛更加濃厚。

——摘錄自《國文天地》七十九年二月號

何謂過曲？

問

何謂過曲？如《琵琶記》中有商調「過曲」之意為何？（臺北讀者・再興中學教師潘美珠）

答

臺灣師大國文系教授賴橋本：南曲的曲牌按照性質與作用可分三類：一是引子，一是過曲，一是尾聲。引子是導引作用的曲子，它的節奏比較緩慢而自由，屬於散板的性質。過曲是正式的曲子，可以抒情、寫景、敍事，節奏完備，多半是一板三眼（四拍子）的曲子。尾聲是結束作用的曲子，節奏比較簡單，多半是一板一眼（二拍子）的曲子。南曲的套曲第一支用引子，最後一支用尾聲，中間的都是過曲。如《牡丹亭・驚夢》前半段以〈遶池遊〉、〈步步嬌〉、

〈醉扶歸〉、〈皀羅袍〉、〈好姐姐〉、〈尾聲〉六個曲牌組合成一套，描寫杜麗娘與春香遊賞花園的景致，後來崑曲稱爲〈遊園〉。開頭的〈遶池遊〉是散板的引子，最後的〈尾聲〉是一板一眼作爲結尾的曲子，其他四支曲子都是過曲。

爲什麼稱爲過曲呢？吳梅《曲學通論》：「過曲即正曲，謂從引子過脈到正曲也。」南曲套曲第一支是引子，最後一支是尾聲，引子的後面就是正曲，而引子是散板的曲子，正曲是有板有眼的曲子，節奏不相同，所以唱完了引子，接下去唱正曲，就稱正曲爲過曲。

過曲與帶過曲不同，過曲是南曲曲牌的種類名，南曲除引子與尾聲外，都是過曲。而帶過曲是一個曲牌填完以後，意猶未盡，再填一曲或二曲，首尾相連，把它當作一首曲子看待。所以帶過曲一定是兩個曲牌或三個曲牌組成的，一般稱帶過，或簡稱帶、過、兼，甚至只寫出曲牌的名字，如〈十二月帶過堯民歌〉、〈快活三過朝天子四邊靜〉、〈罵玉郎感皇恩採茶歌〉等。帶過曲最多帶過三個曲牌，而且要宮調相同纔可帶過，如〈罵玉郎〉、〈感皇恩〉、〈採茶歌〉都是南呂宮的曲牌，高低相同，聲情一致，故可帶過。可以北曲帶北曲，南曲帶南曲，也可以南北互帶。

一般南曲的套曲大都具備引子、過曲、尾聲三類曲牌，但也有少數的套曲省略了引子或尾聲。有些南曲的過曲兼具導引的性質，可以擺在套曲的第一支做導引的作用，〈山坡羊〉就是這樣的曲牌，所以《琵琶記．糟糠自厭》一開始就唱〈山坡羊〉，不必用純粹散板的引子。作者有〈琵琶記．糟糠自厭的格律〉一文，發表於《國文天地》第四卷第五期，並已收入文津出版社《詞曲散論》一書中，可供參考。

——摘錄自《國文天地》八十年十月號

末曲是否就是尾聲？

問

散套少數無尾聲，但有末曲代替尾聲或作結之用，請問末曲是否即是尾聲？（臺北讀者．張華婉）

答

臺灣師大國文系教授賴橋本：元芝菴《唱論》：「有尾聲名套數。」套數就是套曲，可分劇套與散套兩種，不管那一種套曲，都必須具備尾聲。這個規律在元曲非常嚴格，幾乎所有的套曲都有尾聲。根據鄭因百先生《北曲套式彙錄詳解》一書的統計，現存元代北曲散套尚有三百六十九套，沒有尾聲的只有七套，這七套之中有三套鄭先生疑係摘調，另一套鄭先生疑非全套，可見北曲散套沒有尾聲的例子很少。明代的南曲散套，沒有尾聲的例子就比較常見了，大概比較短而曲牌變化不大的套，可以不用尾聲。汪經昌先生《曲學例釋》：「大抵凡拈一調疊作二隻或四隻、六隻、八隻以成套式者，如〈朝元令〉疊用四隻，〈祝英臺〉疊用四隻之類；或僅用二種曲牌，而各止一二曲者，如〈風入松〉二隻、〈急三槍〉二隻相間聯套之類，則多不用尾聲，此通例也。」尾聲是南北曲專門作爲結束作用的一類曲牌，北曲除稱尾聲外，也稱賺煞、煞尾、煞等；南曲除稱尾聲外，也稱十二時（因爲尾聲都是十二板）、情不盡、意有餘、餘文、餘音等。尾聲一般是一板一眼的曲子。有少數的散套無尾聲，以末曲代替尾聲。如元季子安北曲散套——〈中呂粉蝶兒〉、〈醉春風〉、〈紅繡鞋〉、〈剔銀燈〉、〈蔓菁菜〉、〈柳青娘〉、〈道合〉共七曲，不用尾聲，以末曲〈道合〉代替尾聲作爲結束用，《九宮大成南北詞宮譜》列〈道合〉爲北曲中呂調正曲，所以末曲〈道合〉不是尾聲。又如明陳秋碧南曲散套——〈南呂一江風〉、〈一江風〉、〈一江風〉、〈一江風〉共四曲，不用尾聲，以第四曲〈一江風〉代替尾聲作結束用，《九宮大成南北詞宮譜》列〈一江風〉爲南曲南呂宮過曲（正曲）」，所以末曲不是尾聲。本來〈道合〉和〈一江風〉都是一板三眼的正曲，現在擺在一套最末作爲結束作用，也就改成一板一眼的節奏，雖然節奏與尾聲相同，作用與尾聲相同，但是不能說它們就是尾聲。

——摘錄自《國文天地》八十一年四月號

〈曲藻序〉一席話如何解釋？

問

明代散曲中，王世貞〈曲藻序〉曾謂：「大江以北，漸染胡語，時時採入。而沈約四聲，遂闕其一。東南之士，未盡顧曲之周郎；逢掖之間，又稀辨撾之王應，稍稍復變新體，號為南曲。高明則誠，遂掩前後。大抵北主勁切雄麗，南主清峭柔遠。雖本才情，務諧俚俗。」此段話其意為何？（臺北讀者．馮麗卿）

答

臺灣師大國文系副教授賴橋本：王世貞〈曲藻序〉這段話主要在說明由北曲變為南曲的情形，以及北曲與南曲不同的地方。他說：「大江以北的地區，漸漸地受胡語的影響，歌曲中時時採入胡語。於是沈約的四聲（指平、上、去、入），就缺少一聲（指入聲）了。東南地區的人士，未必都像周瑜那樣通曲律；而讀書人之間，也很少有王應那樣能辨別鼓聲的。於是稍稍改變了北曲，成爲新的體制，號稱南曲。元末文人高明字則誠，擅長創作南曲，成就很高，超過了他前後的文人。大抵北曲的聲情比較剛健雄麗，南曲的聲情比較清越柔遠。南北曲雖都本之於作者的才情，但務必諧合南北不同的俚俗。」

沈約是南朝梁的文學家，精通聲律，曾作《四聲譜》，分平、上、去、入四聲，唐詩、宋詞都遵守四聲的格律。到了元代的北曲，已經沒有入聲調。元周德清《中原音韻》是北曲押韻的韻書，序中云：「聲分平仄，字別陰陽。夫聲分平仄者，謂無入聲，以入聲派入平上去三聲也。……字別陰陽者，陰陽字平聲有之，上去俱無。」

「顧曲之周郎」：《三國志・吳志・周瑜傳》：「瑜少精意於音樂，雖三爵之後，其有闕誤，瑜必知之，知之必顧，故時人謠曰：『曲有誤，周郎顧。』」「逢掖」：指古代讀書人所穿的一種衣袖寬大的衣服。《禮記・儒行》：「丘少居魯，衣逢掖之衣。」、「辨撾之王應」，《語林》：「王敦偶坐武昌釣臺，聞行船打鼓，稱其能，俄而一槌小異，王惜之。時王應侍側曰：『此是迴颿撾』使視之，船人入夾口。」王世貞以爲東南的文士未盡精通音律，稍稍改變北曲而成爲南曲。《曲藻》本文也有同樣的說法：「詞不快北耳而後有北曲，北曲不諧南耳而後有南曲。」把南曲說成產生於北曲，這是不合事實的。南北曲各有不同的來源，有的南曲比北曲時代還早，並不是北曲之後纔有南曲。

南北曲風格的不同，在王世貞之前，已有數家談到，可供參考。康海〈渼東樂府序〉：「南詞主激越，其變也爲流麗；北曲主慷慨，其變也爲樸實。惟樸實故聲有矩度而難借，惟流麗故唱得宛轉而易調。」李開元〈喬龍溪詞序〉：「北之音調舒放雄雅，南則淒惋優柔，均出於風土之自然，不可强而齊也。」

——摘錄自《國文天地》七十九年元月號

〈正氣歌〉末段的翻譯

問 〈正氣歌〉末段的：「豈有他繆巧？陰陽不能賊。顧此耿耿在，仰視浮雲白。悠悠我心悲，蒼天曷有極！」如何翻譯？「顧」字應作何解？「仰視」一詞宜作何解？（臺中讀者．張文榮）

答 **中山大學中文系教授鮑國順**：一、來函所舉〈正氣歌〉末段文字，若加入前兩句，使全文成爲：「哀哉沮洳場，爲我安樂國。豈有他繆巧？陰陽不能賊。顧此耿耿在，仰視浮雲白。悠悠我心悲，蒼天曷有極。」文意較爲完整。今試譯如下：

可憐這低濕的土牢，如今倒成了我安樂的居所。那裡是

■岳飛畫像（湯陰岳氏宗祠珍藏）

有什麼特殊的技巧，可以讓我不受各種邪氣的傷害？只是此心一直光明磊落，仰看天際，無愧於浮雲的潔白。想起國仇家恨，令我有無窮的憂傷。像那蒼天一樣，不知那裡才是盡頭啊！

二、「顧」字當「只是」解，「仰視」即「擡頭遠望」之意。

——摘錄自《國文天地》七十八年六月號

文嘉的〈明日詩〉

問 記憶中民國六十年左右的國文課本曾選錄一首很好的詩，開頭是：「明日復明日，明日何其多……」，但不知此詩全文如何？出處如何？（臺北讀者．黃先生）

答 政戰學校中文系副教授黃文吉、銘傳管理學院教授許清雲：此詩係明人文嘉的〈明日詩〉，出自《文氏五家詩》卷九，全文是這樣的：

明日復明日，明日何其多。
日日待明日，萬事成蹉跎。
世人皆被明日累，明日無窮老將至。

文　學

晨昏滾滾水東流，今古悠悠日西墜。
百年明日能幾何？請君聽我明日歌。
——摘錄自《國文天地》八十年八月號

清代的史書《聖武記》

問

近日讀書，偶然間讀到一本《聖武記》的書，但不詳原文，只知是一本有關清代的史書，可否請貴刊代邀教授，介紹此書的大致內容及體例。（臺南讀者．周致平）

答

故宮博物院圖書文獻處研究員莊吉發：《聖武記》凡十四卷，清代道光二十二年（西元一八四二年），魏源撰。民國五十九年，中華書局《四部備要．史部》，據古微堂原刻本重刊。書中所述，起自清太祖，迄清宣宗，取關於武功之事，分卷記述。卷一述開國龍興，卷二述戡定三藩，卷三至卷六述綏服外藩，卷七述土司，卷八述平海寇民變，卷九及卷十平教亂，卷十一至十四附論兵制兵餉、掌故、事功、武事，或推爲紀事本末中之善本。惟書中謬誤之處，比比皆是，例如，緬甸使臣於乾隆十六年（西元一七五一年）二月十六日由滇啓程入京，該書誤繫於乾隆十八年（西元一七五三年）。乾隆四十一年（西元一七七六年）二月初四日，清軍蕩平大小金川，該書誤繫於是年正月。安南國王黎維祁之弟黎維袖，該書誤「袖」爲「紬」。該書謂：「孫士毅奪富良江，即斬浮橋以斷後，由是在南岸之軍提督許世亨、總兵張朝龍以下官兵夫役萬餘皆擠溺死。」惟查故宮檔案確知許世亨實因與安南軍隊接仗時陣亡，並非擠溺而死。其餘疏漏，不勝枚舉，引用該書，宜參考清代檔案，先作史料甄別工作。

——摘錄自《國文天地》八十年十二月號

〈綺懷詩〉的白話翻譯

問

清代詩豪黃仲則〈綺懷詩〉十六首之二：「幾回花下坐吹簫？銀漢紅牆入望遙。似此星辰非昨夜，爲誰風露立中宵。纏綿絲盡抽殘繭，宛轉心傷剝後蕉。三五年時三五月，可憐杯酒不曾消。露檻星房各悄然，江湖秋枕當遊仙。有情皓月憐孤影，無賴閒花照獨眠。結束鉛華歸少作，屏除絲竹入中年。茫茫來日愁如海，寄語羲和早著鞭。」要如何翻譯成白話？（臺北讀者．駱重因）

答

政治大學中文系教授黃景進：〈綺懷詩〉十六首爲黃仲則之名作，所問〈綺懷詩〉第十五首與十六首尤爲著名。大陸西元一九八五年出版之《清詩選》（丁力選注，喬斯補注）所選〈綺懷詩〉亦只收此二首，可見甚受歡迎。唯臺北遠流出版社所出《中國歷代詩人選集》（共四十種）即有《黃仲則詩選》（收入該選集第三十七種），此《詩選》中亦有此二首〈綺懷詩〉之翻譯與注解，頗可參看。因此《詩選》在臺灣甚易獲得，茲不再抄出，以免佔據寶貴篇幅。

編輯部按：黃仲則〈綺懷詩〉十六首之二的譯注如下：

曾經多少次在花下坐著吹簫，天上的銀河和地上的紅牆在我的眼中同樣地遙遠。今夜的星辰已不是昨夜的星辰了。爲了誰人，我站在風露之下等待到中宵呢？我纏綿的情思已經竭盡，像那抽殘的蠶繭；我宛轉的心靈遭到創傷，像那剝剩的蕉心。看到十五夜的月亮，就想起她十五歲的年華。唉，可憐我依賴杯酒也無法消釋胸中的愁緒。當日那清露沾濕的欄杆，明星照影的幽房，如今已各自悄然無人。我流落在江湖之上，秋夜倚枕閒眠，就姑且當是遊仙好了。有情的明月啊，彷彿憐惜我孤單的清影。最令人難受的是那安靜的秋花，在月色中相伴著我這獨眠的人。我準備收拾好從前寫的綺豔的詩篇，把它編入年少時的習作中。摒棄了絲竹之樂，進入恬淡的中年。未來的日子渺茫難料，而人的憂愁又像大海般廣闊無涯。我想傳語給羲和神：好快快加鞭躍馬，讓時間迅速流逝！」

——摘錄自《國文天地》八十年七月號

關於「是想少、情多人語」

問　蘇曼殊〈燕子龕隨筆〉謂：「黃仲則如此星辰非昨夜，爲誰風露立中宵，是想少，情多人語」，其中「是想少，情多人語」應如何析解？（三重讀者．駱重因）

答　**臺灣師大國文系副教授陳文華**：蘇曼殊提到黃仲則的兩句詩，出於《兩當軒全集》卷十一（文景出版社）題目是〈綺懷〉，這是包括十六首七律的大篇組詩，也是黃仲則傳誦於世的情詩。從詩中所述推測，他曾與一女子有非常親密的戀情，此女後來遠適他方，嫁夫生子，但綺緣雖斷，仲則則相思難解，遂以此抒繾綣之情。「如（黃詩原作『似』）」此兩句，出現在第十五首，已是緣盡情未了的部分了。如將其疏解，似乎是說：像這樣的星辰，雖似當日相聚時的光景（第二首說：「記得酒闌人散後，共搴珠箔數春星。」可見星辰曾是兩人濃情蜜意時的見證。）但兩人處境，卻已非往日；既已無緣再聚，我又爲誰而在風露中佇候到半夜呢？值得注意的是：這是用「物是人非」的手法創造出來的。此一技巧，是以今昔共具的景物，來對照人事的滄桑，如「星辰」是今昨所共見，但昨夜（昔日）之人，卻已杳如黃鶴了，如此，就透過不變之景，把變化之悲顯現出來了。這在過去的作品中，是非常普遍的表現手法。因此，這兩句的字面並不完整，我們不可把「非昨夜」看作是「星辰」的樣態，以爲風景已異，那就掌握不住作者的意思了。

以上是先將黃詩作一訓解。回頭再看蘇曼殊的說法：曼殊以想與情對舉，「想」，應該是指理性思考而言；「情」，自然就是情緒作用了。所謂「想少情多」，乃是謂其作爲缺乏現實中的合理邏輯，而受到太多感情的牽制。以此對照詩中情境；明知對方不能來，只因風景相似，便癡候到中宵，不就是理性少而情緒多嗎？又

〈燕子龕隨筆〉（見《蘇曼殊全集》，大中國圖書公司）中，此條之後，緊接著另一則云：「泰西學子曰：西人以智性識物，東人以感情悟物。」雖然指涉的範疇已轉到東西文化性質的差異上，但以彼證此，所謂智性感情，或便等同於此處的想與情。

我國傳統的文學批評，如筆記詩話之類，率多漫批之方式，評者往往隨感而發，雖頗能談言微中，卻常無理路可循，雖非不可取，但讀者在體會時，卻十分辛苦，時常要繞很多彎去猜其意蘊。〈燕子龕隨筆〉便是這一類的批評，此處對他的一些疏解，基本上還是猜測的成分居多，是否就是蘇曼殊的原意，則不敢十分自信了。

——摘錄自《國文天地》八十年十月號

「懷抱思今古」出自何處

問 三希堂有清高宗題聯曰：「懷抱思今古，深心托豪素。」下聯是顏延之〈詠向秀〉詩句：「向秀甘淡薄，深心托豪素。」請問上聯出自何處？（臺北讀者‧李啓純）

答 **臺灣師大博士張仁青**：上聯不詳所出。惟此聯恐傳抄有誤，蓋聯語之格律，上聯末字必須用仄聲字，下聯末字必須用平聲字。而本聯則「古」、「素」二字俱是仄聲，嚴重犯了對聯之大忌。又「抱」、「今」二字是「仄平」，而「心」、「豪」二字是「平平」，聲調亦不諧美。風雅如清高宗者，決不致作出如此不合規律的對聯。況其手下才士如雲，而均見不及此，當無是理。吾故謂此聯若非傳抄有誤，即屬贋品。

——摘錄自《國文天地》七十五年八月號

「一寸江山一寸血」詩中的涵義

問 彭國棟先生《春暉草堂詩文存》中的〈一寸江山一寸血〉，到底寫些什麼呢？是否與詠抗戰有關？（讀者．王經邦）

答 淡江大學中文系教授陳慶煌：〈一寸江山一寸血〉這首詩與詠抗日戰爭無關，此詩係彭先生爲弔浙海一江山國殤而寫者。是役在民國四十四年一月十八日晨起，匪海陸空軍大舉進犯一江山，我方司令王生明率守軍共一千零三十員，以寡擊衆，據險堅守，血戰三晝夜，殲匪寇二千餘人。終因彈盡援絕，全部壯烈成仁。從前吳大澂往勘中俄國界時，曾寫下「一寸河山一寸心」之詩句，此詩即依其意，效吳梅村體，而參以長慶及岑嘉州，頗能神似。原詩云：「一寸江

文　學

山一寸血，疊山浩氣文山烈；誰道滄海竟橫流，東海獨存睢陽節。嗚呼祁陽王將軍，無雙智勇天下聞；東卻倭人西赤虜，曾經百戰立功勳。埸來海上守江山，山在頭門大陳間；島嶼雖二山則一，西控溫嶺兼玉環。將軍生明字至誠，姓名露布羣醜驚；殺賊但憑三尺劍，蟠胸自有十萬兵；手提健兒千零卅，崎嶇島上似田橫。可憐披荊與斬棘，艱難重重克更力；勺飲惟恃雨餘泉，樵蘇每難宿飽食；一笑憂患盡成空，捍衞江山是天職。狂賊視同背中芒，蟻附已逾七千强；或張鐵翼轟天末，或集巨炮射一方。海爲沸兮山爲搖，將軍殺氣薄雲霄；裂石橫飛山頭雨，流血泛作海上潮；不分血海與人海，一樣紅上雪色刀。一寸江山一寸血，白刃接兮寶刀折；三百敵屍積如山，彈盡惟餘血中鐵；孤軍莫問賀蘭援，遺恨未將匈奴滅，穿齦猶嚙睢陽齒，透爪更奮常山舌。從此江山號忠貞，無人肯作褚淵生；傳來消息滿臺海，巷哭家家弔生明。空留遺書與妻訣，穀則異室死異穴。多少深閨少婦心，刀頭日日望藁砧；但願長記魯髽婦，齊仇終復賊終擒。君不見黃花岡上七二士，致身革命同日死。

又不見太原五百完人碑，懦立頑廉百世師。看今十倍黃花岡，彌天浩氣正堂堂，堪配衡嶽七十二，萬古英風重瀟湘。」（見正中書局《藝文掌故叢談》）

——摘錄自《國文天地》七十五年十二月號

〈飛將行〉詩的賞析

問

彭國棟先生的〈飛將行〉，想必亦如大唐詩人王昌齡〈出塞〉般的歌頌李廣將軍，能否舉出原詩以供大衆欣賞？（讀者・王經邦）

答

淡江大學中文系教授陳慶煌：〈飛將行〉並不是歌詠漢朝之飛將軍李廣，彭先生此詩乃記民國四十五年七月二十一日閩海之空戰大捷。是役也，我軍先後以雷霆機及軍刀機四架，迎戰匪米格十七式機八架；憑卓越之作戰技能與緊密之協調合作，並充分發揮旺盛之攻擊精神，而將優勢匪機擊落四架，擊傷兩架。其中，歐陽漪棻個人擊落兩架擊傷兩架，冷培澍、彭傳樑各毀一架。創造以少勝多之優異戰績。原詩云：

解惑篇

閩江口外陣雲黑，七出神鷹張鐵翼；噴氣化爲五彩文，吼聲嚇殺斗米賊。此時白日正當中，俯觀魚眼射波紅；碧空萬里凌閶闔，迴翔蜃閣御長風。何物怪鴞來隊隊，勢同卵石壓泰岱；九天展開八陣圖，熟讀兵書工拊背。軍機新試赫連刀，萬古雲霄一羽毛；雷驚天地龍蛇蟄，電閃旌旗日月高。敵機聞之盡喪膽，岳家軍鋒孰能撼；以一敵四何足云，一人殲四方云慘。掄魁自昔數歐陽，司空一賦動明光；昔論文章今論戰，大風猛士守四方。別有蔡、梁、冷、戚、霍，射雕羽林頻中鵠；周陆犄角逞神奇，彈飛立見怪鴞落。更喜吾家得傳染，烈士門楣姓字芳；猶似當年誅良、弼，屠龍身手戰玄黃。可憐鼠輩空賣國，購機忍奪齊民食；誰知霎時便灰飛，一條劃破青天色。戰勝歸來落日黃，獻花爭傾女兒箱；揀取一枝結君佩，花近英雄花亦香。自古男兒重策勳，銀章爍爍燦虎文；父母從知生男好，生男能作飛將軍。麟閣羣欽霍驃姚，鐃吹爭唱王龍標；但使龍城飛將在，不教俄酋夜遁逃。師貞人和號神武，教戰平時賴軍府；台陽昔有簡大獅，軍中今頌王老虎。戰史新紀丙申年，正賦周宣六月篇；願得三軍齊協力，捷書平寇入甘泉。」（見正中書局《藝文掌故續談》）

按：七言歌行以典麗矞皇爲主，高適〈燕歌行〉、杜甫〈老將行〉即其著者；此詩即師高、杜詩意，頗能得其精髓。詩載於《中央日報》後，馬星野爲寫贈王叔銘上將，王氏懸諸航空廳史室中。

——摘錄自《國文天地》七十五年十二月號

什麼是「商籟十四行體」

問

閱讀貴刊第六十一期〈處處回眸的天鵝——漫談新詩流派〉一文，提及新月詩派受哈代、吉伯齡、柯律治的「商籟十四行體」、「獨白體」等影響，請問「商籟十四行體」是什麼樣的詩？可否舉例說明？（新竹讀者‧張秀文）

答

現代詩人白靈：十四行詩，原文爲sonnet，又音譯爲「商籟體」。爲一種格律嚴謹的十四行抒情詩體。據說起源於十三世紀義大利西西里詩派宮廷詩人。十四世紀時詩人佩托拉克曾寫過三百多首十四行詩，使此詩體臻於成熟完善，因此又稱「佩托拉克體」。每首詩由兩節四行和兩節三行組成，音節整齊，一般前八句的押韻是abba, abba, 後六句則變化較多，可爲兩韻互換如cdc, cdc, 或三韻互換如cde, cde或cde, dce。此詩體影響歐洲詩歌深遠，流行近五百年，凡法、西、葡、波蘭及斯拉夫國家均大量引用。此詩體在十六世紀時流傳入英國，到莎士比亞時也曾出版了一百五十四首的「十四行詩」集（西元一六〇九年），但分節和韻式已與佩托拉克體略有不同，也分爲四節，唯前三節四句，第四節爲一對句，韻式則成abab, cdcd, efef, gg, 但即使莎氏也無法完全遵守。也因莎氏名氣太大，後人乃將此種格式稱爲「莎士比亞體」。其後華茲華斯、濟慈等也寫了些頗爲出色的十四行詩。

朱自清把西元一九一八～一九二七年間的中國詩壇概略分爲三派：自由詩派、格律詩派及象徵詩派，其中遲至西元一九二六年才躍上詩壇的格律詩派（後稱爲新月詩派）諸位詩人，可包括徐志摩、聞一多、朱湘、于賡虞、饒孟侃、劉夢葦、孫大雨等，稍晚的則可包括陳夢家、方瑋德、林徽音、方令孺、卞之琳、何其芳、臧克家、孫毓棠等。而西元一九〇五年出生的孫大雨在西元一九二六年北京《晨報》即曾發表過十四行詩兩首，後來陳夢家在編《新月詩選》時即將孫大雨的商籟體詩收入三首，並說此「三首商籟體，給我們對於試寫商籟，增加了成功的指望。因為他從運用外國的格律上得著操縱裕如的證明。」底下即引孫大雨的一首十四行詩〈老話〉為例：

自從我披了一襲青雲憑靠在
　渺茫間，頭戴一頂光華的軒冕，
　　四下裡拜伏著千峯默默的層巒，
不知經過了多少年，你們這下界
才開始在我底腳下盤旋往來——
　自從那時候我便在這地角天邊
　　醮著日夜的顏波，襟角當花箋
　起草造化底典墳，生命的記載
（登記你們萬衆人童年底破曉，

少壯底有爲，直到成功而歌舞；
也登記失望怎樣推出了陰雲，
痛苦便下一陣秋霖來嘲弄：）到今朝
其餘的記載都已逐漸模糊，
只賸星斗滿天還記著戀愛的光明。

此詩想像豐富，押韻大致按照佩托拉克體 abba abba cde cde 的形式。這樣的詩形也曾有多人嘗試，但成就有限，一直到西元一九四一年馮至寫了二十七首十四行體，出版《十四行集》爲止，才算有比較「像樣」的繼承者，如馮至有名的第廿一首：

我們聽著狂風裡的暴雨
我們在燈光下這樣孤單
我們在這小小的茅屋裡
就是和我們用具的中間

也生了千里萬里的距離
銅爐在向往深山的礦苗
瓷壺在向往江邊的陶泥
他們都像風雨中的飛鳥
各自東西。我們緊緊抱住
好像自身也都不能自主
狂風把一切都吹入高空
暴雨把一切又淋入泥土
只剩下這點微弱的燈紅
在證實我們生命的暫住

此詩意象豐富，語言精美，又富哲理，可說是十四行體流入中國詩壇後少見的佳作。

然而十四行詩在這之後就難以爲繼，甚至被譏爲「洋八股」。不過格律詩及新月詩派的某些主張和名作仍斷斷續續地影響了後來的新詩發展。

——摘錄自《國文天地》八十年六月號

《「勿忘臺灣」落花夢》的相關疑惑

問

關於貴刊七十六期專輯中，有一些疑惑，希望能予解答。

一、秦賢次先生一文中，曾提到甘乃光題簽書名《毋亡臺灣》，又提及《「勿忘臺灣」落花夢》，「毋」、「勿」是否筆誤？或另有深意？

二、秦文中爲《弱小民族的悲哀》，而林瑞明先生一文則爲《弱少民族的悲哀》，不知何者爲是？（臺中讀者・謝佩賢）

答

現代文學史料研究學者秦賢次：筆者在七十六期上所寫〈魯迅與臺灣青年〉一文中，《毋忘臺灣》與《「勿忘臺灣」落花夢》二書之「毋」、「勿」兩字到底何者爲是？抑或另含深意？

文　學

《毋忘臺灣》一書，筆者未曾看到原書或其書影。但據西元一九三九年印行的《臺灣總督府警察沿革誌》第二篇、張深切的回憶錄《里程碑》（西元一九六一年出版），以及郭沫若的《郭沫若集外序跋集》（西元一九八三年出版）三書記載，均同爲「毋」字。郭沫若當時應明心（即張秀哲筆名）邀請，爲其《一個臺灣人告訴中國同胞書》撰寫序文。但出書時，因加上明心嶺大同學楊成志（現在大陸）所作〈看了《一個臺灣人告訴中國同胞書》〉，書名因而改爲《毋忘臺灣》，而郭沫若序文也跟著成爲《毋忘臺灣》序。

《毋忘臺灣》一書，西元一九二六年六月二十八日張秀哲自費印刷，委託廣州丁卜圖書館出版。三十一年後，由張秀哲在撰寫以這段經歷爲主的回憶錄《「勿忘臺灣」落花夢》時，手上已無前書，祇能憑著記憶撰寫。因此，除將「毋」寫成音義相通的「勿」字外；出版時間也錯記爲民國十六年（誤排爲十三年）正月。

此外，還應該說明一件事。即《一個臺灣人告訴中國同胞書》在西元一九二六年六月十六日～十八日在廣州《民國日報》連載三天時，原名〈臺灣痛史，一個臺灣人告訴中國同胞書〉，文長萬言，其大意曾由《臺灣總督府警察沿革誌》予以摘錄。又，據張秀哲在其回憶錄中言，《二》文不久又由上海《民國日報》轉載過；同時，也經當時蘇聯駐廣州的代表團譯成俄文，提供該國政府做為「東亞弱少民衆運動」的文獻用。

——摘錄自《國文天地》八十一年元月號

答

成功大學歷史學系副教授林瑞明：張我軍〈弱少民族的悲哀〉一文，翻譯自日本勞農派理論家山川均（Yamakawa Hitoshi）發表於《改造》西元一九二六年五月號的〈弱少民族の悲哀〉。張氏之譯文連載於《臺灣民報》時，即題為〈弱少民族的悲哀〉。

「弱少民族」、「弱小民族」兩詞，在日據時代的臺灣刊物中，向來並用。就字面而言，「弱少民族」含有民族雖然弱小但卻年輕之義。引文自應以原刊之題目為準。

親見為憑，請參閱附件。

文　學

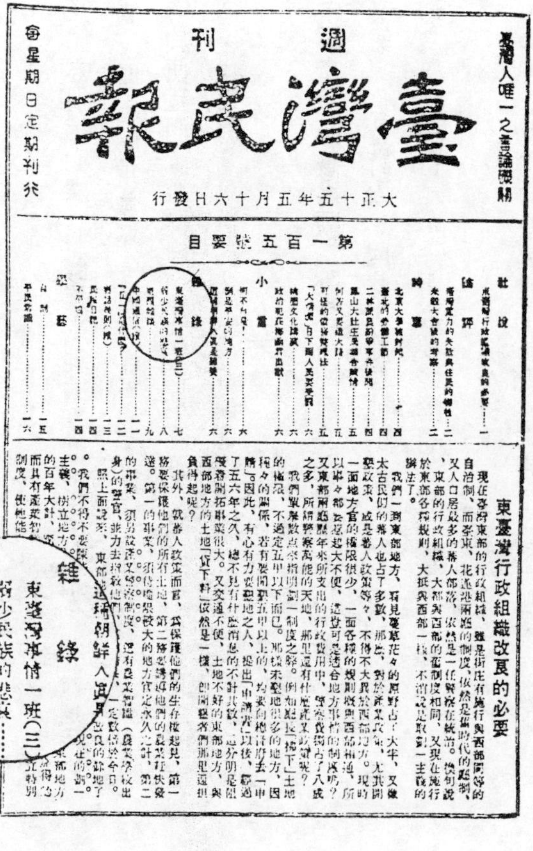

——摘錄自《國文天地》八十一年元月號

「纖綠茵如陳酒」的意思

問

高中國文第六册第七課〈槳聲燈影裡的秦淮河〉一文中：「於是我們的船便成了歷史的重載了」，其中「重載」二字在此當如何解？又：「終於使我們認識綠如茵陳酒的秦淮水了」，這裡的「纖綠茵如陳酒」代表的意思為何？（高雄讀者．洪秉忱）

答

北一女中國文教師蕭水順：朱自清的散文是三十年代的作品，朱自清是散文家，也是詩人，因此，瞭解他的散文，一方面要瞭解當時創作者的文學共通習氣，一方面要瞭解詩的思維影響了散文的寫作習慣。

一、「於是我們的船便成了歷史的重載了。」在這之前他們談著明末秦淮河的艷迹，在此句之後，朱氏說秦淮河的奇異吸引力是許多「歷史的影像」使然，因此，遊秦淮河時心中承載著許多懷古之情；李清照說：「只恐雙溪舴艋舟，載不動許多愁」，以「船」去承載「愁」，最近翻譯昆德拉的小說《生命中不能承受的輕》，「輕」是形容詞變爲名詞。因此，回到朱自清原句：「歷史的重載」不是「歷史上的」重載，成爲歷史上的負擔，而是承受著歷史上的繁華與沒落之無常變遷。

二、「終於使我們認識織綠茵如陳酒的秦淮水了。」此句中之「陳酒」是指其前的「河中眩暈著的燈光，從橫著的畫舫，悠揚著的笛韻，夾著那吱吱的胡琴聲」令人沈醉，而「綠茵」自是指秦淮水之綠，因而此句應是「織綠茵如織陳酒」，視覺上的「綠」與感覺上的「醉」同織一起，但他省略了一個「織」字，而且「陳酒」與「織」連接，一般人難以接受，但是如果瞭解現代詩與散文的作者，往往如此不拘地開放各種器官，嘗試各種可能，或許就比較能贊同這種創作方法了。

——摘錄自《國文天地》七十九年八月號

附註：

貴刊六十三期〈解惑篇〉，高雄朋友洪秉忱先生詢及「織綠茵如陳酒」的意思爲何，我以「詩的思維影響了散文的寫作習慣」，建議開放視覺與感覺器官來欣賞。不過，吾友蔡勝紀認爲是誤植所造成，蔡老師鴻文「『槳聲燈影裡的秦淮河』——誤植商榷」，刊載於《人文及社會學科教學通訊》一卷一期第一一三～一一六頁（民國七十九年六月出版）。

蔡老師認爲：

「終於使我們認識織綠茵如陳酒的秦淮水了。」應作：

「終於使我們認識綠如茵陳酒的秦淮水了。」

說明：這一句很明顯的是緣上下字而誤衍一個「織」字，然後再受「織」字的影響，把茵字調到如字之前成爲

「纖綠茵」的情況，看似可通，其實荒謬得很。蓋綠茵用來形容草坪，不能用來形容水；尤其是不能用陳酒來做喻依；陳酒不一定是綠色的，只有「茵陳」（中藥名，夏季長滿花穗時割下全草，曬乾後收集其花穗使用，爲治黃疸之主藥。花穗黃綠色。）所泡出來的酒才會是綠色的。

——摘錄自《國文天地》七十九年十月號

關於徐蔚南的《水面落花》

問

拜讀貴刊七十三期，有一篇提到徐蔚南著有《水面落花》一書；和國中國文第二冊第十六課徐蔚南著有《水面桃花》一書，兩者所提略有出入，不知那一個才是正確？（讀者・武嶺國中國文科教學研討會）

答

文學史料研究學者秦賢次：筆者在《國文天地》第七十三期〈《山陰道上》作者徐蔚南〉一文中，曾提及徐蔚南寫有《水面落花》一書。最近《國文天地》雜誌編輯部轉來一信說，有讀者詢問《水面落花》是否爲《水面桃花》之誤？因國文課本的作者簡介上是這麼說的，主編並希望我能找到確切的證據。

文　學

《水面落花》係民國二十二年六月由上海黎明書局初版，列為王夫凡（世穎）主編的《黎明小叢書》之八出版，當時僅印行二千冊，迄今已成為罕見的書。就以大陸最新出版，且以搜羅新文學著作最廣著稱的五卷本《中國現代文學辭典》散文及小說卷來講，就未曾登錄該書。

此外，西元一九八五年三月四川文藝出版社出版的《中國文學家辭典——現代第三分冊》，及西元一九八八年七月北京中國對外翻譯出版公司出版的《中國翻譯家辭典》兩書，不約而同地也將《水面落花》一書寫成《水面桃花》（四川文藝版更將「面」字誤印為「百」字）。

事實上，我在撰寫〈山〉文時，已發現這個錯誤，祇是文中未曾特別說明。我依據是多年前在國立中央圖書館臺灣分館借閱該書後所記錄下來的資料，但忙中有錯，將原屬散文集錯歸為短篇小說集。

現在根據該館原書簡介《水面落花》如下，謹供讀者進一步參考：

書高十七公分，寬九又六公分。全書連目錄共一〇四頁，收〈柳亞子先生〉、〈致孟樸虛白〉、〈白屋文話序〉、〈白屋書信弁言〉、〈倥偬序〉、〈幻滅〉、〈看了陳樹人個展回來〉、〈陰柔之美〉、〈米西盎則羅〉等文九篇。

最後需要特別一提的是，徐蔚南與柳亞子係小同鄉。柳亞子原籍吳江黎里；徐蔚南原籍吳江盛澤，兩地相距有二十四里，這在〈柳子亞先生〉一文的開頭寫得很清楚的。但是，一般坊間的名人錄或文學家辭典全都誤為江蘇吳縣。

——摘錄自《國文天地》八十年九月號

關於《給阿貝拉的書簡》

問　高中國文第三册第七課梁實秋〈早起〉一文，提及翻譯《阿伯拉與哀綠綺思的情書》，由於是法國的文學作品，可否略述該書的特色及價值，以增進瞭解？（臺南讀者．林美惠）

答　**文化大學法文系教授胡品清：**他是阿貝拉，乃十一世紀的法國貴族，非但風貌俊美，而且博學多才。他特別重視精神自由，爲哲學家及宗教家。

她是艾羅薏絲（我的標準譯音），爲阿貝拉的女弟子，且和後者有一段師生戀。艾羅薏絲的叔父從而認爲她有辱家風，迫使她和阿貝拉結婚。她答應了，但是堅持保密，爲的是不影響愛人的心靈自由，以及維持他倆的戀情純度。因此，他倆是被公認的神話情侶，可以作爲典範的。

她的名著是《給阿貝拉的書簡》，也是法國第一本書簡體小說。其中充分地顯示了作者的崇高人格以及她和阿貝拉的戀情之精神品質。此外，那些書簡的內容是典型的歐洲中世紀騎士文學作品，英雄與美人間的情愫是純柏拉圖式的精神戀愛。她的書簡在法國文學中占有十分重要的地位，只因一個「眞」字。那段戀情並非虛構，而是親身體驗的。書簡內容告訴我們騎士式戀情並非僅僅是「文學現象」，也是一種生活及感覺的方式。

她的書簡集曾深深地影響後世，有盧梭爲證。後者是十九世紀法國大文豪兼哲學家，就是受了艾羅薏絲的影響，他才寫了一本書簡體小說，書名《新艾羅薏絲》。（編者按：胡教授解答中的音譯部分係以正統巴黎音爲根據。）

——摘錄自《國文天地》七十九年十一月號

文學

〈寄子書〉中的「畫」意

問 我是國中三年級學生，最近在復習時發現張心漪女士在〈寄子書〉一文中，譯有一句：「不要畫不可以畫在白紙上或畫布上的畫，你要盡量取法大自然。」

我個人覺得既然要畫，爲什麼說：「不要畫不可以畫在白紙或畫布上的畫」呢？到底她要說些什麼？（臺中讀者・朱亞萍）

答 **臺灣師大國文系講師亓婷婷**：這個問題牽涉到：第一，原作者的意思如何？第二，翻譯之後，所傳達的意義如何？先抄錄這兩句話的原文如下：

(1) Don't do what you would be ashamed of before a sheet of

white paper——or a canvas.

(2) The materials have to take the place of God.

（註：原文根據 Sherwood Anderson: edited, and with an introduction,by Horace Gregory. New York, The Viking Press, 1949, p.593）

就原文而言，似乎不是什麽複雜的句子，第一句大意是說：「面對一張白紙或一張畫布，不要畫出令你將感到羞恥的作品。」

不過，對一個不熟悉西方文化者（特別是不瞭解基督教文明者）而言，這句話的內涵意義，並不太容易瞭解。原來，西方文化强調個人的獨立地位，非常尊重個人的權益，換言之，人生的榮辱、責任等等，也全由個人自行承擔。所以一件事完成後，若個人自己都覺得羞恥，那麽這件事當然不値得去做，也不應該去做。若以繪畫爲例，要提筆畫圖，自然該畫出令自己滿意的作品，而不是令自己感到羞恥的作品，所以這句話中的含義該是：「要對自己的人生負責，若將人生比作白紙或畫布，你一定要用心的、謹愼的畫出令自己滿意的作品。」

修伍德・安德森（Sherwood Anderson, 1876–1941）是一位美國著名的小說家，他以父親的口吻，對兒子約翰（John）作如此的期勉，希望兒子培養獨立的、負責的人生態度，可說是一件很自然的事。然而，就一個在中國文化薰陶下，視「君君、臣臣、父父、子子」之道爲理所當然，甚至肯定「克紹箕裘」這種觀念的中國人而言，這句話若直譯成中文，反而不易理解了。所以譯者張心漪女士譯爲：「不要畫不可以畫在白紙上或畫布上的畫。」表達了一位父親對兒子的訓勉之意，可說是煞費苦心了。

第二句的大意是：「繪畫的素材應該來自上帝的旨意。」（若按原文直譯是：繪畫的素材必須能取代上帝。意即：能表現出上帝所創萬物的風貌。）因爲根據基督教的教義，世間萬物都是上帝（God）創造的（包括人在內），所以繪畫的素材當然該依從上帝的旨意，從廣闊的宇宙大自然中去尋覓，這樣才能眞正獲得生生不息的源頭活水。若只依照「人」自己的意旨，難免題材不廣，易受某種拘限了！

不過，對一個非基督教文明中成長的人而言，並不容易接受這番道理。尤其不容易將這句話譯爲中文。因爲我們中華文化博大精深，儒家早已在孔孟時代，就將宗教的「天」、「上帝」等觀念轉化爲道德、義理上的意義，視「天」爲人類德性的超越根據，至於荀子，甚至肯定了「天人之分」，認爲「天行有常，不爲堯存，不爲桀亡。」道家也很早即將「天」賦予哲學上的意義。所以，這句原文中的 God 是很難翻譯成妥切的中文的。而張女士譯爲：「你要盡量取法大自然。」可說是神來之筆。

最後想說明的是，語言與文化是一體的。每個人都是經過多年的學習，才能掌握語言與文字，作爲表情達意的工具。而不同的自然環境，使人類創造了不同的語文、不同的宗教習俗、不同的社會制度，換言之，有了不同的文化，而語言文字就是表達各種文化的工具。所以，翻譯是一件非常不容易的工作，不像「創作」可以自由抒發作者的情意，一位譯者必須先揣摩原作者的意旨，再依循原作者的表達方式，以另一種不同的文字傳達出來。這個過程中包含的條件太多，所以原作與譯作之間難免有程度上的差異。譯學大師嚴幾道（復）先生曾提出「信」、「達」、「雅」三種翻譯標準，事實上很難作到三者兼顧。何況各國文字均有其特色及內涵的文化背景，翻譯往往與原文不能完全相符合。不管是直譯（metaphrase）也好，是意譯（paraphrase）也好，只能說是「盡力而爲，庶幾近之」罷了。所以有人說：「一切翻譯均係一折衷式的努力。」（A Compromise between the effort to be literal and the effort to be idiomatic.）事實上，這也是今日許多語言學家尚在努力研究的複雜問題。

——摘錄自《國文天地》七十六年二月號

關於〈盧師聲伯的聲影與往事〉

問

貴刊第六期〈盧師聲伯的聲影與往事〉所附「盧先生手迹」中，提及《宋十家詞選注》，請問此書那家書局可買到？手迹中又說其中三家詞境遇甚高，讀了有益詞學造詣及人生修養，究竟這是那三家？由該文知盧先生長於詞曲創作，能否多加介紹？（瑞芳讀者・劉文和）

答

政治大學中研所教授呂凱：《宋詞十家注》，爲盧聲伯（元駿）先生在世時，親手所選定。據聞成稿後，送某書局付梓，將稿件遺失，後盧先生辭世，故該書未能問世。但所選之十家則知爲：范仲淹、歐陽修、柳永、晏幾道、蘇軾、秦觀、周邦彥、辛稼軒、姜白石、吳文英。

所謂：「其中三家境遇甚高，讀了不但有益詞學造詣，尤有裨於人生修養」云云。三家乃指范仲淹、歐陽修、蘇東坡而言。

盧先生詞曲創作甚多，自應加以介紹，唯因鄙人近日過於繁忙，無暇即時執筆，待稍暇後，必當從命。

——摘錄自《國文天地》七十五年二月號

好一幅南宮畫

問 從前我讀盧前的〈朝天子遊春〉小令，深覺前人所褒太過，因爲「這邊當日故侯家」與「浴佛泉邊」的「邊」字重複，既是遊「春」，卻又說是「好一幅秋山畫」，節令顛倒怎能算是佳作？今見貴刊引文，「邊」作「壁廂」，頗見本色；「秋山」作「南宮」，極富文采，始信前人所言不誣，究竟作者所根據的是何種善本呢？能否見告？（臺北讀者．沈耀程）

答 淡江大學中文系教授陳慶煌：有關盧冀野（前）先生所作曲，我並未根據甚麼善本書，乃因十幾年前，作者受業盧聲伯（元駿）師之門下，嘗接接聞斯曲，故於撰寫《文學革命以後的傳統文學》時，爰就記憶所及而錄出者。想必應屬冀野先生最後之定稿。不過原作「這『邊』當日故侯家」與「浴佛泉『邊』」並不犯重複。而「好一幅秋山畫」，若依「秋山人似畫中行」詩句，引申為「好『似』一幅秋山畫」；謂此次春遊，所見所感，好似置身在一幅五彩繽紛的秋山畫中，似亦未嘗不可。

——摘錄自《國文天地》七十五年八月號

文化常識篇

何謂圖騰？

問 何謂「圖騰」？它和「圖畫」有何差別？

（桃園讀者：王小萍）

答 政治大學中文系教授李豐楙：「圖騰」一詞，爲人類學家譯自Totem，公認是音意兼顧的翻譯。它源於北美阿爾岡金部落（Algonkin-tribe）的奧其華（Ojibwa）語，英文拼成totem tatam或dodaim。用以指一種信仰和習俗的體系，它具有存在於羣體和某一類實物之間的神祕或祭儀關係。這類實物通常是某種動物或植物，因而羣體對它需要遵守禁令，像禁止傷害與其圖騰有關的動植物；而且相信羣體成員乃一神祕圖騰祖先的後裔，或具有兄第一樣的親屬關係。因此常會利用圖騰作爲羣體象徵，認爲圖騰是羣體成員的保護者，且自認有分擔使圖騰種屬興旺的增加儀禮（increase rites）的義務，個人的命運與它相與連繫。所以圖騰被視爲代表社會羣體的一種象徵、標記或徽章，雖是圖畫，卻與一般的圖畫不同，具有更深刻的意義。

圖騰後來爲人類學家擴大使用，用來指稱相同、相似性質的事物，像澳洲西部原始部落的「可朋」（Kobong）；也爲不同的學界接受，而出現不同的意義：像 W. Robertson Smith 的屬於社會學的概念，S. Freud 的心理學的解釋，乃至近來 C. Levi Strauss 的結構主義的觀點，大體上圖騰被認爲對有關社會提供了一種基本的組織原則。中國的人類學者在接受圖騰的觀念後，也援引使用於研究中，包括文獻資料及田野調查等，顯示圖騰的相關概念，是人類共通的表達方式。（取材自《雲五社科大辭典》李亦園先生撰圖騰條、中研院民族所集刊，衞惠林〈中國古代圖騰制度範疇〉）。

——摘錄自《國文天地》七十五年九月號

《山海經》的特質

問

《山海經》是本什麼性質的書？有什麼價值？該如何研讀？

（桃園讀者・王小萍）

答

政治大學中文系教授李豐楙：《山海經》是一部三萬餘字性質複雜的古籍，由五藏山經與海外四經、海內四經、大荒四經及較短的海內經合組而成。曾被司馬遷視為荒誕不經之作，也被書目列於地理類或小說類。近代的研究逐漸認識其眞價值：日本小川琢治、國人衞挺生都認為是最有價值的古地理書。至於重視其中所搜集的神話資料的，像衞惠林就稱它是中國最早的人文地理志。

其實要眞正認識《山海經》的特質，首先要瞭解它是怎樣編成的？其原始資料又是如何搜集而來？近代的研究出現多種新說：衛挺生說是鄒衍爲鉅燕時期燕昭王所策劃的調查探勘的紀錄，蒙文通說是巴蜀地域所流傳的代表巴蜀文化的古籍，而史景成則認爲是楚國史巫之官在國勢日衰、臣主共憂患的局勢下，應運起而編纂之書。類此說法都指出其中部分的事實，但無法解說《山海經》的眞正成因。淸人郝懿行爲《山海經》作箋疏，早已指出周官大司徒等職官專門職掌天下輿圖的寶貴資料，這些資料不管是代表中央的職官所記，或各屬國的地理資料，大多包含了當時國境內外的人文資料：如山川地埋、動植礦物、神話傳說、名山祭典以及遠方邊裔的情狀等，其中的地理資料多含有古地理學的珍貴紀錄，而各類物產中，有平常可見的，也有具巫術性質的；配合奇特的神話傳說、山川祭典，因而被認爲與史巫之官有關。這些駁雜的資料原先雖與周官及各國史巫之官有關，但今本的編成，大多認爲是成於楚國史巫之官的手中。

研讀《山海經》，近來較方便的注本是臺灣翻印袁珂的《山海經

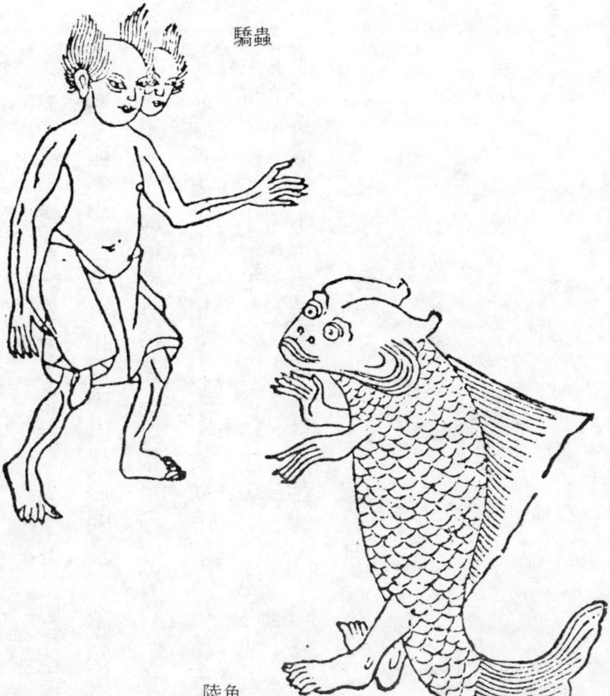

■《山海經》書內的插圖

解惑篇

校注》本；至於導讀性質的書，則有拙撰的《神話的故鄉——山海經》（時報出版公司），可供參考。大體言之，要研究古地理，則五藏山經是重要的材料，衞挺生先生的《山經地理圖考》，有詳細的地圖，雖不一定全可相信，但便於閱讀。至於古史神話則遍見於全書，尤其是海經部分搜羅了份量可觀的資料，在袁珂的校注中，可與先秦古書所引，相互對照，有助理解。研讀古書，雖不能盡信，但也不能遽予否定，因而奇特如《山海經》也就可在這一觀點下重被賦予新價值——這是一部碩果僅存的古中國最早的人文地理志。

——摘錄自《國文天地》七十五年十月號

《愚公移山》的「北山」、「山北」指方位嗎？

問 國中國文第四冊第十三課〈愚公移山〉講：「北山愚公者，年且九十」，「懲山北之塞，出入之迂也。」兩「北」字，是指方位嗎？請示圖說明。（桃園讀者．曾淑媛）

答 **東吳中文系副教授王國良：**北山，指愚公的住處，位於太形（行）、王屋二山之北；懲山北之塞，則是說愚公住在二山的北邊，往南的通道被堵住了，出入很不方便。因此，「北山」、「山北」兩句中的「北」字，是指方位，應無疑問。

《列子．湯問》〈愚公移山〉一章，本係寓言，故而所說太形（行）、王屋二山，原本及後來的位置，都不可信。事實上，文章開頭云二山：「本在冀州之南，河陽之北」，正是它們現在的眞實地點（參看「禹貢九州圖」）。原作者顯然有意在放煙幕彈，可千萬別上他的當。

——摘錄自《國文天地》七十七年七月號

何謂「蝌蚪文」？

問 蝌蚪文是創新的文字還是前有所承？

（苗栗讀者・陳桂貞）

答 **臺灣師大國文系教授許錟輝**：蝌蚪文，又稱蝌蚪文字、科斗書、科斗文、科斗篆。唐韋續《墨藪》說：「顓頊高陽氏作科斗書」，宋葉廷珪《海錄碎事》也說：「科斗書，高陽氏作」，因此後人就以爲蝌蚪文是古代文字的一種，其實高陽氏作科斗書的說法並不可信。

科斗書的名稱，起於漢代。唐孔穎達《尚書序疏》引鄭玄之言說：「書初出屋壁，皆周時象形文字，今所謂科斗書，以形言之爲科斗，指體即周之古文」，鄭玄之意，這種文字是周代傳下的古文，漢人因其形體如科斗，所以稱爲科斗書。古代用漆書寫，故點畫多半頭粗尾細，形如科斗，科斗文即因此而得名。僞孔安國〈尙書序〉說：「至魯共王好治宮室，壞孔子舊宅，以廣其居，於壁中得先人所藏古文虞、夏、商、周之書，及《傳》、《論語》、《孝經》，皆科斗文字。」又說：「科斗書廢已久，時人無能知者。」〈尙書序〉是東晉以後人假託漢代孔安國之名所僞作，序中所稱「科斗文字」、「科斗書」，應是承漢人之舊稱。總之，蝌蚪文是漢代以前的古文，不是漢人創新的文字，只因它形如蝌蚪，就稱爲蝌蚪文。

——摘錄自《國文天地》七十九年二月號

《說文解字》寫於哪一年？

問 貴刊第四期第四十八頁上黃慶萱教授〈談字典〉一文中提到：「《說文解字》大約是在東漢和帝永元十二年（西元一〇〇年）寫成的。」但是高中的《中國文化史》第七頁上卻說該書是許慎傾二十一年的時間，寫成於漢安帝建光元年（西元一二一年）。到底哪一個才對呢？（臺北讀者・揚芬）

答 **臺灣師大國文系教授黃慶萱**：許慎寫完《說文解字》的年代，約有三說。其根據都是〈說文解字後敍〉：「粵在永元困頓之年，孟陬之月，朔日甲申。」但詮釋有異。

王筠《說文句讀》：「許君言困頓者，即謂天施復于子也；孟陬甲申者，即謂人生自寅成于申也。天人協應，文字乃定，一旦垂型，千秋取正，豈偶然哉！」蓋以永元十二年即《說文解字》一書「文字乃定」之年。

段玉裁《說文解字注》：「用功伊始，蓋恐失墜所聞也。自永元庚子至建光辛酉，凡歷二十二年，而其子沖獻之。」蓋以永光十二年爲《說文解字》一書「用功伊始」之年。

比較折中的說法見於王鳴盛的《蛾術編說字》：「說文有前後兩敍：前敍蓋初下筆先定其規模而作；後敍作於和帝永元困頓，係十二年庚子，至建光元年辛酉方上進。疑初稿粗完作後敍，修改增益，爲功又二十餘年也。」

其實還可能有第四說存在，那就是《說文解字》從未「完成」。許慎子許沖上〈說文解字表〉：「愼前以詔書校東觀，敎小黃門孟生李喜等，以文字未定未奏上，今愼已病，遣臣齎詣闕。」便是一條線索。

以上諸說，第一說較爲流行。臺北源流文化事業公司出版的

十五卷下　二

渥者霑也。厚也。衍如水潮之盛溢也。滂者沛也。沛之義不見於本篆下。而古書多用之。葢古祇作米。水之大至如艸木之盛。後人乃叚沛水字爲之。如𥁕暖字。水罙字。後人乃叚溫深也。

廣業甄微學士知方。

謂光武立五經十四博士。初建三雍。明帝即位。親行其禮。肅宗大會諸儒於白虎觀。考詳同異。又詔高才生受古文尚書、毛詩穀梁左氏春秋。以网羅遺逸。孝和亦數幸東觀。覽閱書林。

探嘖索隱厥誼可傳。

探、取也。嘖、初也。深也。索者。𡩡之叚借字。小徐本作𡩡。誼義古今字。自于時大漢。至此。謂當此經學大明之時。而惟小學不修。莫達其說。說其所以載所希聞。故作此十四篇也。

粵在永元困頓之年。

漢和帝永元十二年。歲在庚子。爾雅曰。歲在庚曰上章。在子曰困頓。

孟陬之月。

爾雅曰。正月爲陬月。

朔日甲申。

後漢書。賈逵於和帝永元十三年卒。時年七十二。然則許之譔說文解字。先逵卒一年。用功伊始。葢恐失逵所聞也。自永元庚子、至建光辛酉。凡歷二十二年。而其子沖獻之。

曾曾小子。

曾曾猶俗云層層也。曾之言重也。古者裔孫通

■《說文解字》書影

《中國字典史略》就說：「《說文解字》大約始撰於永元八年，成書於永元十二年，到安帝建光元年許慎病中，才派他的兒子許沖把書獻給皇帝。」果第一說成立，那麼可以進一步指出成書的日子是永元

十二年正月初一，換算西曆爲西元一〇〇年一月二十九日。不過，我不敢這麼大膽，所以〈談字典〉一文敍及《說文解字》寫成的年代，特別加上「大約」二字。揚芬君讀書之仔細，謹致敬佩之意。

——摘錄自《國文天地》七十四年十一月號

何謂「說部」？

問　世稱《世說新語》爲說部之先河，爲何？又所謂「說部」係指何者？（臺南讀者・鄧陸生）

答　**東吳大學中文系副教授王國良**：所謂「說部」，係小說之部的簡稱。現存《隋書・經籍志》，原分：經、史、子、集四部；子部中有小說類，著錄《燕丹子》、《雜語》……等二十五種書籍。迨至後世，小說著作迅速滋長，數量殆可與原有四部書相埒；因此，明清學者漸將稗史小說一類，稱爲說部，意謂小說類可自子部獨立成一部矣。

南朝宋劉義慶《世說新語》，固可列入說部之林。唯《漢書・藝文志》，已搜羅十五種著作，名曰小說家；《隋書．經籍志》所錄小說，有漢邯鄲淳《笑林》、晉裴啓《語林》、郭澄之《郭子》……等書，並在《世說》之前。若以內容或寫作方式而論，則《世說》又多承襲《語林》、《郭子》二書。因而稱《世說》爲說部之先河，恐怕不太恰當。

——摘錄自《國文天地》七十七年八月號

商襲夏禮的損益

問 子曰：「殷因於夏禮，所損益可知也。」殷商因襲夏禮減損了什麼？增益了什麼？（臺北讀者・林明發）

答 **清華大學中語系副教授林聰舜**：就差異處而言，不但夏、商、周各有不同的「禮」（典章制度），甚至周代宗法封建制度下的「禮」也與秦漢以下大一統專制下的「禮」大不相同，這不是列舉幾樣損益之事可說明清楚的。因此，除非有志於專家研究，不必耗費力氣去探索殷商因襲夏禮，所損益爲何的問題，而忽略了孔子此段話的主旨所在。

孔子這段話是重視文化傳承中的一貫性，想藉此建立文化傳統，甚至想爲文化傳統找到合理的根據，爲「禮」注入眞精神（禮之本，或「仁」）。這是以文化理想點化現實，不必是「禮」的傳承的實際情況，所以孔子：「其或繼周者，雖百世可知也。」表現了他文化理想延續下去的信心，而不是歷史的必然。

——摘錄自《國文天地》七十七年十月號

什麼是六藝？

問

古代有所謂「六藝」的教育，六藝的內容爲何？

（羅東讀者・吳育芳）

答

淡江大學中文系教授王甦：六藝，指禮、樂、射、御、書、數。《周禮・保氏》：養國子之道，乃教之六藝，一曰五禮，二曰六樂，三曰五射，四曰五御，五曰六書，六曰九數。

禮有吉禮、凶禮、賓禮、軍禮、嘉禮五種。五禮之目，凡三十六。《中庸》云：「禮儀三百，威儀三千。」可見其範圍之廣，細則之多。

樂指音樂，《尚書・皋陶謨》：「予欲聞六律五聲八音」，《周禮・樂官》，共有二十一職。古代樂器，有金、石、絲、竹、匏、土、革、木八類。金如鐘、鐃、鉦、鐸等；石如磬；絲如琴、瑟；竹如簫、竽、籥、簧；匏如笙；土如壎、缶；革如鼓、木如柷。五音爲宮、商、角、徵、羽。由五音產生十二律，十二律皆以銅爲管，轉而相生，以黃鐘爲首，無射末。古代禮樂合一，二者相爲表裡。

射指射箭。古代有射禮。故孔子云：「君子無所爭，必也射乎。」射禮有大射、賓射、燕射、鄉射。前三者爲天子與羣臣或諸侯之射禮。鄉射是一種鄉村的軍事體育。射的基本性質爲習禮與尚武，即納軍事生活於禮儀化。

御指執轡御車，古代平地作戰，以戰車爲主力。《詩經・小雅・采芑》：「方叔涖止，其車三千。」其陣容可謂龐大。每輛戰車之中，御者居中，右者持矛，左者持弓矢，御者地位極重要。御車除作戰外，亦用於田獵。《詩經・鄭風・叔于田》：「四牡之車，執轡如組」，即是一例。其後有騎射，相傳騎射之法，始於趙武靈王。然《詩．大雅．緜篇》，有：「古公亶父，來朝走馬」之言，是單騎之起源甚早。《論語．子罕篇》載孔子之言曰：「吾何執，執射乎，執御乎？吾執射矣。」射御皆一藝，劉向云：「御者使人恭，射者使人端」（《說苑．說叢》）是射御二者，不但爲古代之國防體育，亦有助於正心修身之德育。

書指六書，即今之文字學。六書指：象形、指事、會意、形聲、轉注、假借。

數指數學，古代算書，以《九章算術》及《周髀算經》爲最古。其著者均不可考，《九章算術》原書久佚，四庫本從《永樂大典》錄出九卷，是書經漢張蒼整理删補，晉劉徽、唐李淳風作注。其問題凡二百四十六，其內容分：一、方田，二、粟米，三、衰分，四、少廣，五、商功，六、均輸，七、盈不足，八、方程，九、勾股。

至於《周髀算經》，相傳其書出於商周之間，以勾股之法，度天地之高厚，推日月之運行，而得其度數。《隋書．經籍志》列於天文類，《新唐書．藝文志》有李淳風《釋周髀》二卷。清儒陸世儀《論數學之重要〉云：「數為六藝之一，似緩而實急。凡天文、律曆、水利、兵法、農田之類，皆須用算學者，不知算，雖知算而不精，未可云用世也。」（《思辨錄輯要》卷一）

要之，禮樂偏重道德修養，射御偏重軍事技能，書數偏重科學知識。可知六藝為文武合一、術德兼修的教育。

——摘錄自《國文天地》七十五年三月號

何謂「七藝」？

問 張岱〈四書遇序〉（見《瑯嬛文集》卷一）：「舉子十年攻苦於風簷寸晷之中，構成七藝。」「七藝」所指爲何？（臺北讀者・吳明容）

答 交通大學國文組副教授詹海雲：「七藝」一詞，經查《辭源》（修訂本）、《中文大字典》、《漢和大辭典》、《國語辭典》（商務本）、戲曲辭典、小說辭典、《宋元語言辭典》、《佩文韻府》、類書、明清筆記、俗語詞典、《制義叢話》及近人對張岱著作之注釋，均未見有專條論述，又請教國內專研晚明小品及戲曲學者，亦云不知何解。試姑妄解之。按：晚明文人多喜自創新詞，因此，「七藝」可能有二解：

解惑篇

一**指「八股文」而言**。古代有「六藝」之名，禮樂射御書數均爲古人生活所必須學習之技藝，而「八股文」初名「制藝」（依經制義），後又名「制藝」，爲學子考試入仕所必須之技藝，同爲謀生所不可或缺。故戲稱「八股文」爲「七藝」，即「六藝」外之又一藝也。

二**指熟習「八股文」寫作的各種技能**。按：七，原爲文體（賦）之一種（如枚乘有〈七發〉），問對之別名（明徐師曾《文體明辨》云：「七者，文章之一體也，詞雖八首，而問對凡七，故謂之七。則七者，問對之別名。」），也爲數目之多者（清王兆芳《文體通釋》：「七者，陽數之逾五者也，古恒言半曰五，小半曰三，大半曰七，設客主爲七章也。主于托物問答諷諭歸道。」）此與「八股文」鋪陳其事，設爲問答，諷諭歸道之技巧近似。

故「七」指多數，「藝」指應考技能。「七藝」指熟習「八股文」之各種應答技能，猶如熟習各種武藝，稱「十八般武藝」樣樣精通。依〈四書遇序〉上下文看，似以指熟習「八股文」之各種應答技能爲宜，然此亦只揣測之辭。又：張岱《四書遇》有西元一九八五年浙江古籍出版社的朱宏達點校本。

——摘錄自《國文天地》七十八年十二月號

古代的冰做什麼用？

問

《大學》第十章有：「伐冰之家，不畜牛羊」之句。「伐冰之家」據注疏是卿大夫以上喪祭用冰。不知古代卿大夫以上之家在喪祭時，如何用冰？是否當做祭品，和其他祭品一樣陳列或是用冰來冰凍屍體或三牲？（讀者．齊水台）

答

臺灣師大國研所教授周何：《周禮》凌人爲養冰之官，開冰用冰，有以鎭膳羞酒醴，有以供大喪之用。古時喪禮，大斂後移柩於堂上，謂之「殯」，天子得殯七月，諸侯五月，大夫三月，士一月，庶人隨時下葬。停柩時間久，是爲了使親人猶能撫柩思慕。然而日久易腐，必須冰鎭。是以大夫以上喪禮始得用冰，士庶人則不得用。故

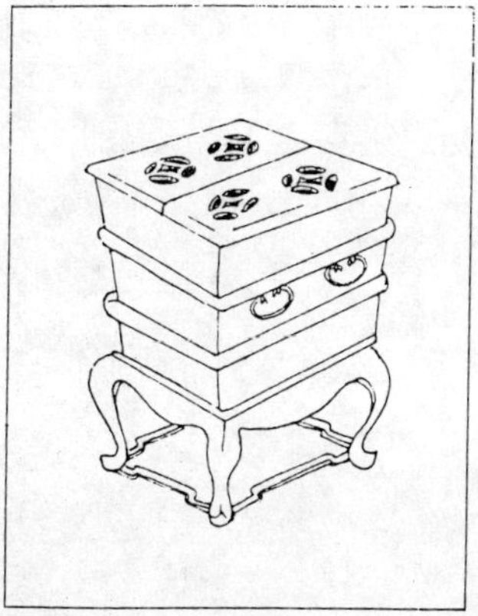

■中國古代的古桶

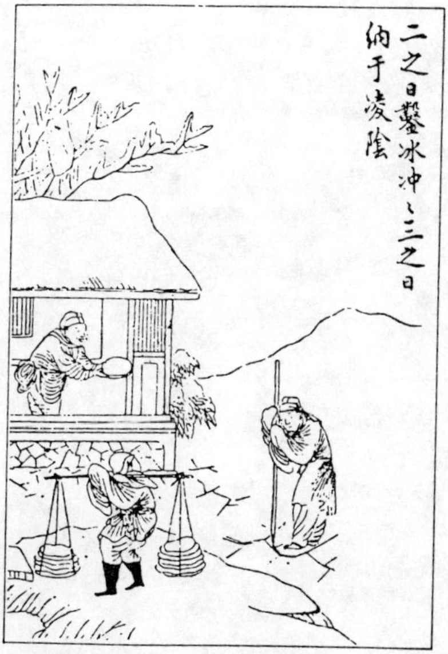

■周朝人冬日藏冰的情形

「伐冰之家」，既謂喪禮特許開冰鎮屍之人家。凡大夫始得稱「家」，則伐冰之家者，即指大夫之家。

——摘錄自《國文天地》七十四年九月號

六國曾互相屠戮嗎?

問 請問高中國文第四册〈六國論〉的:「六國互喪,率賂秦耶?」其「互喪」解作:「互相屠戮,以致滅亡。」當時的六國曾互相屠戮嗎?(臺中讀者・黃麗芬)

答 **成功大學中文系主任謝一民**:就這個問題,可分做兩個部分來討論:

「當時的六國曾互相屠戮嗎?」是的,當時六國之間,確實曾經發生過多次的戰役,在「互相屠戮」。他們都以殺伐爲手段,想達到兼併的目的。簡單地舉幾件事情來說:

韓、趙、魏三家分晉以後,以魏的疆域最大,國勢最强,常以晉的正統自居。魏惠王時期，把統一三晉，視爲國政的重心。如西元前三五四年，伐趙，進圍邯鄲。第二年，齊國出兵救援，敗魏軍於桂陵。魏、趙、齊，三國「互相屠戮」。西元前三四一年，魏又伐韓，齊國又出兵救助，大敗魏軍於河北之地，殺魏大將龐涓。魏、韓、齊，三國「互相屠戮」。西元前三一四年，齊宣王伐燕，殺燕王噲。齊湣王（西元前三〇〇～西元前二八四年）志氣驕盈，欲統一天下，曾侵楚、攻三晉；西元前二八四年，燕以樂毅爲將，聯合秦、趙、韓、魏，共同伐齊。西元前二七九年，齊又伐燕……。當時的六國，的確是各爲自身的利益，在互相屠殺。課本上注解說「互相屠戮」，的確是實際的情形。

其次，對於「互喪」注解的懷疑，頗有同感。六國「互相屠戮」，固然是「以致滅亡」的原因之一。然而，品味一下全篇的文意，就可以明白地看出，蘇洵這篇文章的中心論點，並不在於六國是否互相「屠戮」。因此，把「互」字訓解爲「互相屠戮」，似乎是偏離了文章的重心。站在訓詁學的立場來衡量，訓「互」爲「互

文化常識

相屠戮」，不僅是「增字為訓」的不當，從文意上來尋思，也會讓人有迂曲不切的感受。個人淺見，以為在「六國互喪」的這句話裡，「互」字，仍當取用常解，做為「交互」的意思講，比較安妥些。所謂「六國互喪」，就是說六國交互喪亡、相繼喪亡。這樣，不僅文意明確，文理也直接而順暢。

——摘錄自《國文天地》七十七年三月號

古人如何占卜？

問

高中國文第二冊第三課〈理性與迷信〉中提及「占卜龜蓍」，請問古人如何占卜？為何占卜？又蓍草長得什麼樣子？（恒春讀者．陳小芬）

答

臺灣師大國文系教授陳郁夫：占卜是為著解答疑難。古人遇到家國大事，當自己理智和找人商量都不能決定時，卜和筮是二種做為參考的項目。

卜用龜的腹部那片殼，在一面挖一個像逗點一樣的洞（沒有下面那個小點，洞也不透過去），然後在火上烤，烤後另一面會裂出裂痕，根據裂痕的樣子來判斷吉凶。筮是用五十根蓍草來計算，按照一定的程序操作，看看算出的結果是陰是陽，然後畫出一爻，重複算六次便成一卦，按照卦爻來定吉凶。

蓍草長得怎麼樣？《辭海》上面有圖可參考。

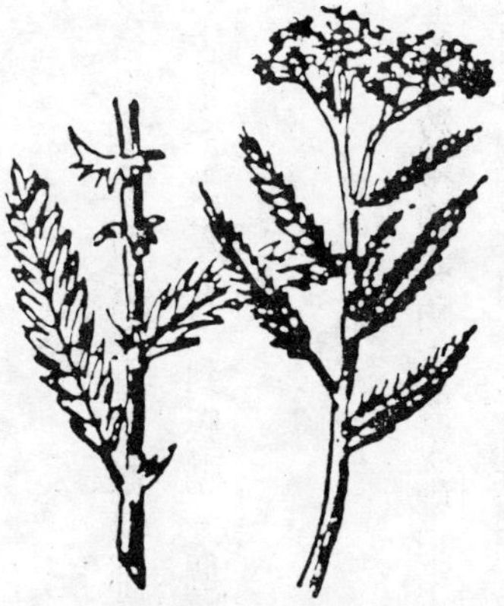

⊙蓍，蘭科多年生草本，莖勁直，高二三尺；葉互生，秋月開白花或淡紅花

■蓍草

——摘錄自《國文天地》七十九年九月號

圯上老人授的是「兵書」，還是「素書」？

問 圯上老人授給張子房的書，一般辭典都說是「兵書」；而黃石公《素書》上則說是「素書」，到底哪一個對？該兵書今有流傳否？

（桃園讀者．李幼艮）

答 **東吳大學中文系教授劉兆祐**：傳說中圯上老人授給張良的書，是一種與作戰謀略有關的兵書。這部兵書，究竟是哪一部書，衆說不一。目前傳世的兵書中，有兩部都題黃石公撰，流傳或注解這兩部書的人，都以爲它才是圯上老人授給張良的眞本。這兩部書的書名：一是《黃石公三略》，一是《素書》。其實，這兩部書都不是黃石公寫的，都是後人所僞作的。

文化常識

■圯上授書

一般辭典所說的「兵書」，是指黃石公授給張良的書的性質類別；至於說是「素書」，則是用的書名。

剛才說過，這兩部書目前都有傳本，但是都是僞書。

——摘錄自《國文天地》七十八年十月號

解惑篇

問

五十三期貴刊賜答：圯上老人授給張良的書，是「兵書」還是「素書」？至爲感激，但答案中說：「一般辭典所說的『兵書』，是指黃石公授給張良的書的性質、類別；至於說『素書』則是用的書名」。指出「素書」的性質是「兵書」。所以在下仍有疑問，因爲我有一本上海明善書局藏版的「素書」，序文中說：「素者，雅質也……後人謂：子房受於黃石公者，兵書也！其說謬矣……」看書的內容是以修身爲主，所以「素書」的性質是否眞爲「兵書」？（桃園讀者．李幼良）

答

中山大學中文系教授鮑國順：有關「素書的性質是兵書嗎？」今本《素書》一卷，凡六篇，僅一三三六字而已，相傳爲黃石公（圯上老人）所授張良之書，有宋張商英註。《宋史・藝文志》及《四庫全書》均收入子部兵書類或兵家類中，由此看來，此書似屬兵書無疑。但是我們必須指出兩件事情：

第一，今本素書原是僞書，並非黃石公所作，當然也就不是黃石公所傳，此在晁公武《郡齋讀書志》、陳振孫《直齋書錄解題》、胡應麟《四部正譌》、姚際恆《古今僞書考》、紀昀《四庫提要》以及譚獻《復堂日記》中均已辨明，可以參看。至於當年圯上老人所傳張良之書，究係何書，至今未有定論。

第二，再就今本素書的內容而言，全書以道德仁義禮五者發端，繼則雜言治國修身之道，漫無統緒，前人已指出係雜采諸書而成，其中雖偶有兵家權謀之語，而要非純粹兵家之書，故就其性質而言，實不宜視爲兵書。

事實上，僞作此書者，似乎原即未嘗視本書爲兵書，根據本書

解惑篇

張商英序曰：「按前漢黃石公圯橋所授子房素書，世人多以三略為是，蓋傳之者誤也。……黃石公，秦之隱君子也，其書簡，其意深，雖堯、舜、禹、文、傅說、周公、孔、老，亦無以出此矣。然則黃石公知秦之將亡，漢之將興，故以此書授子房，而子房者，豈能盡知其書哉。凡子房之所以為子房者，僅能用其一二耳。……遺粕棄滓，猶足以亡秦項而帝沛公，況純而用之，深而造之者乎？」可見張氏對此書評價之高。前人多謂張商英即偽作此書之人，然則更可以看出，原作者並不僅僅將此書視為兵書，而以為當與堯舜孔老之書相比，具有更高的地位與價值，只是自漢以來，凡兵家之言，多以黃石公為名，而此書題為黃石公作，《宋史．藝文志》因收入兵書類中，《四庫全書》因之，也就收在兵家類了。

——摘錄自《國文天地》七十九年七月號

何謂「雨過天青色」？

問

高中國文第一冊第六課〈故都的回憶〉提及「雨過天青色的瓷器」，請問什麼是「雨過天青色」？一般瓷器又有那些常用的色彩？（嘉義讀者．陳文富）

答

國立故宮博物院書畫處副研究員王耀庭：相傳後周世宗燒造瓷器，有司請示顏色，御批云：「雨過天青雲破處，這般顏色做將來。」為「雨過天青」一詞出處。陶瓷史上有「柴窰」一詞，此名詞最早見於明代曹昭《格古要論》，萬曆以後的《玉芝堂談薈》、《清祕藏》、《事物紺珠》、《五雜俎》、《博物要覽》、《長物志》均曾提及，但其窰址迄今尚未發現，從文字記載，有兩種說法：一為後周世宗姓柴，當時所燒造之器，名爲「柴窰」；一爲吳越祕色青瓷即「柴窰」。曹昭認爲：「柴窰天青色滋潤，細膩有細紋。多是粗黃土足，近世少見」。張應文則謂：「柴窰不可得矣。聞其制云：青如天，明如鏡，薄如紙，聲如磬。」但均屬傳聞，未見實物。清末民初以：「青如天，明如鏡，薄如紙，聲如磬」，與宋代景德鎭影青瓷相符，可能張氏誤以宋影青瓷爲柴窰而據爲解釋。

按：〈故都的回憶〉所提「雨過天青」，以時代言，所見「柴窰」之器，可能性極小。蓋作者此文非專論瓷器，而藉「雨過天青」成語，以形容所見顏色，不能據上述之言而非之。一般而言，瓷器上各種主要色彩均可見到，只能說，宋元以前較多單色釉，明以後則單色外，又復有兩種顏色以上同出現於一器。

——摘錄自《國文天地》七十九年八月號

關於「蒙求」？

問

我們在檢索歷代圖書目錄時，常發現古代兒童啓蒙讀物以「蒙求」命名，如晁公武《郡齋讀書志》有《左氏蒙求》；《宋志》有洪邁寫的《次李翰蒙求》、吳逢道寫的《六言蒙求》，請問「蒙求」應如何解釋？（新竹讀者．陳朝陽）

答

臺東師院語教系教授林文寶：《蒙求》原是一本古代的兒童啓蒙書。現存本共六二一句，每句四字，全文計二四八四字。編採的都是歷史人物的事迹。但一般人都以爲《蒙求》是後晋李瀚（或作翰）所撰，這是誤引《四庫全書總目提要》的資料（見卷一十六、子部．類書類）沿訛襲謬。其實陳振孫已題爲唐李瀚撰。《直齋書錄解題》卷十四：

解惑篇

> 唐李瀚撰《蒙求》三卷，本無義例，信手肆意，雜襲成章，取其韻語易於訓誦而已，遂至舉世誦之，以爲小學發蒙之首，事有甚不可曉者。余家諸子在襁，未嘗令誦此也。
> （商務人人文庫本，中册，頁四〇四）

李瀚生平事迹不詳，當是盛唐時代的人。蘇樺先生於〈敦煌石窟的兩種兒童讀物〉一文裡（見《國語日報》七十年七月十九日《兒童文學周刊》第四八〇期），認爲《蒙求》至晚完成於天寶五年（西元七四六年）。

「蒙求」的書名，當源於《易經．蒙卦》，其卦辭：「蒙，亨。匪我求童蒙，童蒙求我。初筮告，再三瀆，瀆則不告。利貞。」〈彖〉辭：「蒙以養正，聖功也。」又〈序卦〉云：「物生必蒙，故受之以蒙。蒙者物之穉也。」《經典釋文》卷二〈周易音義〉：「蒙，莫公反。蒙，蒙也，稚也。《稽覽圖》云：無以教天下曰蒙。《方言》云：蒙，萌。」（見鼎文版，頁二十）。又《左傳．僖公九年》：

「春，宋桓公卒，未葬，而襄公會諸侯。故曰：『子凡在喪，王曰小童，公侯曰子。』杜預注云：『小童者，蒙童幼末之稱。』」（見藝文版《十三經注疏》本，頁二一八）

《蒙求》盛行於唐、宋、元、明時代，且開創了「蒙求」之體。就書名而言，後代就出現了很多各式各樣的「蒙求書」，如《左氏蒙求》、《兩漢蒙求》、《文字蒙求》等，即指明該書是屬於兒童讀本。又就內容而言，後代的《三字經》、《龍文鞭影》、《幼學瓊林》等書，都是取材於《蒙求》，尤其是《龍文鞭影》一書，簡直就是《蒙求》的翻版。又蘇樺先生有《蒙求新編》的選述，亦即演繹《蒙求》每句四字為故事一篇。宋朝徐子光就李氏原書加以注解。清朝張海鵬《學津討原》收錄有徐子光《蒙求集註》。又王灝輯《畿輔叢書》、《全唐詩》卷八百八十一亦收有《蒙求》原文。至於敦煌鈔本，編號為伯二七一〇、五五二二。

——摘錄自《國文天地》七十九年九月號

唐代「水部」所司何事？

問

三民書局《新譯唐詩三百首》在〈近試上張水部〉一詩之作法分析中曾說：「張水部，便是張籍，當時做水部員外郎的官。這是朱慶餘在應考進士前與主考官張水部打交道的詩。」水部是否掌管水利事務？若是，則何以又會做科舉制度的主考官？朱慶餘在應進士考試前，何以要上詩給掌水利事務的官員呢？（花蓮讀者．楊大力）

答

政治大學中文系教授黃景進：水部為工部四司之一，掌有關水道，如津濟、船艫、渠梁、堤堰、溝洫、漁捕、運漕、碾磑等事（見《新唐書．百官志》）。水部不管考試，自不待言，唐朝主試應為禮部侍郎。唯唐朝科舉較為特殊，即在正式考試之前，舉子每上書朝貴及先達名輩，請其向有司推薦，從而增加自己及第的希望（參考《國文天地》第五卷第七期，頁四十三，胡萬川先生大文引傅璇琮《唐代科舉與文學》）。朱慶餘所以在應試前上詩給水部員外郎張籍，大概是希望張籍能幫他推薦。

——摘錄自《國文天地》七十九年十月號

獻糧與養馬的報酬

問

新編高中國文第五册鼂錯《論貴粟疏》一文，舊課本是排在第三册，課文中末二段有：「今令民有事騎馬一匹者，復卒三人……粟者，王者大用，政之本務。令民入粟受爵，至五大夫以上，乃復一人耳，此其與騎馬之功相去遠矣。」此節是謂：車騎之功高於入粟受爵之功甚多，抑或是入粟受爵之功高於車騎馬之功甚多？（臺北讀者・張愷輝）

答

師大國文系教授黃慶萱：鼂錯的意思是：叫老百姓獻糧受爵，獻了四千石，得到五大夫的爵位，才免除一個人的徭役；代政府飼養可駕可騎的馬一匹，就免除三個人的徭役。顯然獻糧跟養馬的報酬相差太遠了。鼂錯只希望獻糧的報酬該提高一些，並沒有認定獻糧、養馬二者中何者之功較高的意思。張先生，你「雙面刃式」的問題，安排下好大的「語言的陷阱」呀！老夫只好施展輕功，閃過雙鋒，躍過陷阱，還你一招「撥雲見日」了！

——摘錄自《國文天地》七十六年元月號

問

近讀《國文天地》第二十期〈解惑篇〉中〈獻糧與養馬的報酬〉一文，據黃教授所答：「……鼂錯只希望獻糧的報酬該提高一些，並沒有認定『獻糧』、『養馬』二者中何者之功較高的意思……」本人頗有疑問：

一、所謂「騎馬之功」，實指「納馬」之功，非「養馬」之功也。

二、鼂氏以為：「雖有武備必藉粟以為守，則入粟之功尤多於納馬」，且入粟「復卒又少於納馬」，故「互較見得以粟為賞罰甚便」（以上說法見林西仲《古文析義》）。又中華書局印行王文濡校勘本《古文觀止》亦云：「……正見以粟爲賞罰最是良法」，看法與析義皆同。

據二書所析，則鼂錯當是以爲：「入粟受爵，朝廷受益尤大而損失又少」，故極力勸勉文帝採行。似無爲農民請命，希望「獻糧的報酬提高」之意。

不知黃教授之說有何根據？（讀者・陳麗芬）

答

臺灣師大國文系教授黃慶萱：我所解答根據的是鼂錯〈論貴粟疏〉原文，並參考了《漢書》中有關馬政的記載。承陳君來函質疑指教，茲再答於後：

一、前答云：「代政府飼養可駕可騎的馬一匹」，譯自鼂文：「民有車騎馬一匹」句。林雲銘、王文濡之書，當時也曾翻過。但對「有馬」如何可作「納馬」解，頗有疑問。於是再檢〈論貴粟疏〉的出處——《漢書》，知道：

㈠漢代初年，馬匹十分缺乏。據《食貨志》：「自天子不能具純駟，而將相或乘牛車。」可見一斑。

㈡到了文帝，馬匹才夠，可以撥給驛站使用了。〈文帝紀〉：「二年十一月，詔太僕：見馬遺財足，餘皆以給傳置。」就是這個意思。

㈢當時民間可以養馬，但不能隨便乘騎，或輸出關外。〈高帝紀〉：「八年春三月，禁賈人毋得操兵乘騎馬。」〈景帝紀〉：「中四年春三月，御史大夫綰奏請禁馬高五尺九寸以上齒未平，不得出關。」便是證據。

㈣人民也可以爲政府養馬。〈景帝紀〉：「中六年六月，匈奴入雁門，至武泉，入上郡，取苑馬，吏卒戰死者二千人。」注：「如淳曰：『〈漢儀注〉：太僕牧師諸苑三十六所，分布北邊、西邊，以郎爲苑監官，奴婢三萬人，養馬三十萬匹。』」

〈論貴粟疏〉寫於文帝時代。由以上文獻，看不出文帝時代及其後景帝時代曾行「納馬」的制度。

《史記．平準書》云：「天子爲伐胡，盛養馬，馬之來食長安者

解惑篇

數萬匹。」又云：「於是除千夫五大夫爲吏，不欲者出馬。」「出馬」與「納馬」相對：就人民而言爲「出馬」，就政府而言爲「納馬」。但時代已是武帝了。有七分證據，我不敢說十分話。所以前答仍就鼂錯原文意譯，而不敢譯「有馬」爲「出馬」或「納馬」，馬自民間交出，納入政府，怎能還說「民有」呢？

二、鼂文云：「車騎者，天下武備也，故爲復卒。」這是肯定爲國養馬之功。下文又云：粟者，王者大用，政之本務。」這是肯定爲國入粟之功。所以我說鼂文：「並沒有認定獻糧養馬二者中何者之功較高」。至於養馬一匹可以免三人的徭役，獻糧四千石得到五大夫的爵位僅免一人的徭役，鼂錯認爲這不公平。但是他並沒有說獻糧該免多少人的徭役。假如有直接或間接證據，顯示鼂錯曾經主張獻糧可免四人或四人以上的徭役，而不是提高到免二人或三人的徭役，那麼「入粟之功尤多」就可以成立了。

——摘錄自《國文天地》七十六年四月號

米芾真跡被秦檜父子押了印？

問 近讀《國文天地》十六期頁十三〈解惑篇〉，所引陳含米先生詩：「押印或恐神所羞」與「願君守此過圖球」，應作何解？（讀者．王經邦）

答 **淡江大學中文系教授陳慶煌**：有關「押印或恐神所羞」句，依含老〈題江右廖氏所藏米南宮多景樓詩眞跡〉詩原序云：「上有秦檜、秦熺印押端，忠愍嘗欲以二萬金易之，陳散原曰：『公勿奪人所好！』乃留翫竟日而去。」（正中書局《含光詩》下册．續入詩，頁四）則知米芾多景樓詩眞跡之上端，因有宋高宗朝奸相秦檜父子之押印，以秦奸陷害忠良之陰險殘忍罪行，或許神靈睹此押印，恐怕也會感到羞辱才對。

至於「願君守此過圖球」句，關鍵在「圖球」二字，按：圖謂河圖也；球亦作璆，美玉也。全句意謂：希望廖氏能慎守此一價值遠超過河圖美玉的人間至寶——米芾眞跡。

■米芾所書《虹縣詩帖》局部

——摘錄自《國文天地》七十六年元月號

「犢鼻褌」是什麼樣的褲子？

問

《漢書．司馬相如傳》言：「相如身自著犢鼻褌，與庸保雜作。」請問相如所穿的「犢鼻褌」是什麼樣的褲子？（臺北讀者．林明月）

答

高雄師大國研所副教授蔡崇名：《漢書．司馬相如傳》：「相如身自著犢鼻褌，與庸保雜作。」顏師古注：「即今之衳也，形似犢鼻，故以名云」；但是王先謙《漢書補注》引劉奉世說：「犢鼻，穴在膝下，為褌財令至膝，故習俗因以為名，非謂其形似也。」；今查「褌」是有襠的褲子，《釋名．釋衣服》：「褌，貫也，貫兩脚上繫要（腰）中也。」又據《方言》：「褌，陳楚江淮之間謂之䘣（同衳）。」可見「褌」與「衳」乃方言之差別，實是一物；《廣韻》：

解惑篇

「衳，小褌也。」「褌」是一種有襠的短褲子，《史記．司馬相如傳》：「相如身自著犢鼻褌，與庸保雜作。」，《集解》引韋昭說：「今三尺布作，形如犢鼻，稱此者，言其無恥也。」這和顏古所說「形似犢鼻」相同，乃就牛鼻兩孔與兩褲襠開口相似，所以叫做「犢鼻褌」。

此外，王先謙《漢書補注》引劉奉世說：「犢鼻，穴在膝下」，卻是以犢鼻爲人體經穴的部位，俗稱「膝眼」，《素問．氣穴論》：「犢鼻二穴」，注：「犢鼻穴、在膝骬下䯒骨上。」可見犢鼻乃指膝蓋的部位，犢鼻褌就是褲襠到膝骨的短褲。

然而王先謙《漢書補注》又說：「方言：『無裥袴謂之』，郭注：『袴無跨者，即今之犢鼻褌，裥，亦作裥，字異耳。』案：《說文》：『祁，袴跨』，《急就篇》顏注：『袴之兩股曰裥』，《玉篇》：『襱，袴襠也』據此形製，但以蔽前反繫於後，而無袴襠，即吾楚所稱之圍裙是也。」這是以犢鼻褌爲圍裙，與「犢鼻褌」字義若不相關。

總上所述，司馬相如所穿的犢鼻褌是一種褲管到膝蓋骨的短褲，兩個褲管像牛鼻兩孔一般，其褲管很短，只到膝蓋而已，這種形制，不另加裳，行動方便，是一般卑賤雜役的人所穿的衣服，正和《史記》、《漢書》的文義相合。

——摘錄自《國文天地》七十八年三月號

青衫是便服還是官服？

問

《國文天地》第十二期〈解惑篇〉：「司馬青衫，太上忘情」一則，王熙元教授解答，青衫是唐代的官服，但一般的解釋青衫是便服而非官服，樂天送客，故著便服，不知究應何解？（臺北讀者・齊水台）

答

師範大學國文系教授王熙元：「青衫」本有官服、便服二義，白居易〈琵琶行〉明言：「司馬青衫」，以官名「司馬」置「青衫」之上，則青衫當爲唐代州司馬的官服，而當時白氏當是著官服送行。

《中文辭源》第四册三三五〇頁：「青衫，唐制：文官八品九品服以青。唐白居易《長慶集十二・琵琶行》：『座中泣下誰最多？江州司馬青衫濕。』亦指官職卑微。宋歐陽修《文忠集・聖俞會飲詩》：『嗟余身賤不敢薦，四十白髮猶青衫。』

按：白居易〈琵琶行〉自序說：「元和十年，予左遷九江郡司馬。」「左遷」謂得罪而貶謫。據《舊唐書》本傳記載，憲宗元和初，白氏原任翰林學士，遷左拾遺、太子左贊善大夫，歷任京師朝廷之官，因獲罪而遭貶。州司馬在唐代職位甚卑，據瞿蛻園《歷代職官簡釋》（見黃本驥《歷代職官表》），唐代各州司馬爲州郡佐官

■白居易像

之空名，已成寄祿之官而非具有職事之官，故多以此職位安置被貶斥的官員。當時州司馬既爲卑微之官職，則白氏自宜著青衫之官服以送客也。

——摘錄自《國文天地》七十五年十一月號

曾國藩主張「病不服藥」？

問 近日閱讀《曾文正公家書》閱至卷七〈致諸弟〉信函中，有〈致九弟季弟〉（不服藥之利）、（不可服藥）一共兩函中都談到：「治心以廣大二字爲藥，治身以不藥二字爲藥」……且云：「某人大病二十日，充以不藥而愈……。」文正公勸人有病以不服藥而癒，究何道理？（雲林讀者．仲彭）

答 **中興大學中文系教授胡楚生**：一、國人傳統上都有「藥補不如食補」、「藥能濟人，也能害人」的觀念，曾國藩在《家書》卷七〈致九弟季弟〉函中：「勸人以不服藥爲上策」、「有病時斷不可吃藥」的主張，大體上，也只能從這一角度去作理解。

解惑篇

二、曾國藩在《家書》卷二〈稟父母〉函中，曾經說：「病在肝虛，近來專服補肝之品，頗覺有效。」《家書》卷六〈致四弟九弟〉函中，也曾說道：「吾平生頗講求惜福二字，送來補藥不斷，且蔬菜亦較奢，自愧享用太過，然亦體氣太弱，不得不爾。」可知在身體染患疾病、需要治療滋補時，他也並不完全拒絕服藥，只是不希望人們專恃服藥，以求强身而已。

三、曾國藩在《家書》卷六〈致四弟〉函中，曾經說道：「吾祖星岡公在時，不信醫藥，不信僧巫，不信地師，此三者，弟必能一一記憶，今我輩兄弟，亦宜略法此意，以紹家風。」可知曾國藩「不服藥」的主張，也曾受到家中長輩的影響。

四、曾國藩在《家書》卷四〈致諸弟〉函中曾說：「要須服清導之品，降火滋陰爲妙，予雖不知醫理，竊疑必須如此。」可知曾國藩並不通曉醫理，他那勸人「不服藥」的意見，一部分也是從自身經驗中體切出來的道理，只是不宜當作絕對的眞理去看待。

——摘錄自《國文天地》七十九年五月號

何謂「木龔」？

問 高中國文第六册第四課〈天工開物卷跋〉中提及「百丈」、「木龔」、「土龔」，請問是何物？並請刊出圖片。（臺南讀者．洪慶明）

答 黎明工專國文科教授劉君燦：「百丈」據舊《辭海》下册頁二〇一一說：「篾繩也，劈竹爲六瓣，用麻繩連貫，以爲牽舟具」，杜甫詩：「百丈牽來上瀨船」，注：「百丈：牽船篾也」，即以竹篾編成之長繩，因堅實耐腐，可爲拉縴，以上行舟船之具，《天工開物，舟車》對此有關的敍述，譯成白話是：「船上用的帆索，是用大麻纖維（也叫火麻）糾絞成的；直徑達一寸多的粗繩索，即使繫住萬斤以上的東西也不會斷。至於繫錨的錨纜，那是用竹片削成的青篾做的，這些篾條要先放在鍋裡煮過，然後進行糾絞。拉船縴纜，也是用煮過的篾條絞成的。每長十丈以上要在中間做個圈，作爲接口，以便碰到障礙時可以用手指出力夾斷。竹的特性是縱向拉力强，一條竹篾可以承受很大拉力。凡進三峽入川的上水船，往往不用糾絞的縴索，而只是把竹破成一寸多寬的整條竹片，互相連接起來，這叫做火杖。因爲沿岸的崖石鋒利得像刀口，恐怕破成竹篾反而容易損壞。」（見金楓出版公司經典叢書《天工開物》下，頁十九～二〇，鍾廣言註譯，劉君燦導讀）圖片則欠缺。

「木礱」、「土礱」、（音龍）《天工開物》原書皆有圖片。現影爲附圖（見下頁），土礱的實物在板橋雙十路農村公園與桃園平鎮鄉中豐路六七一號的鄉土農園（離中壢市很近）中都有，保存了前人的點滴。《天工開物》有關礱的文字譯成白話是：「稻穀去掉穀殼是用礱，……礱有兩種，一種用木做，鋸下一尺多長的原木（多用松木），砍削並合成大磨的形狀，兩扇都鑿上縱行的斜齒，下扇

■《天工開物》中之木礱

■《天工開物》中之土礱

安上一根軸心貫穿上扇，上扇中間挖空來裝稻穀。木礱磨米兩千多石才會損壞。用木礱，不十分乾燥的穀也不會磨碎，因此上繳的軍糧和官糧，不論是大量漕運（用運河運往北方）或儲藏的，都要用木礱加工。另一種是土礱，用竹篾編個圓筐，中間用乾淨的黃土塡實，上下兩扇都鑲上竹齒，上扇安個竹篾漏斗來裝穀，裝穀量比木礱多一倍。但稍濕的稻穀用土礱加工，米粒容易斷碎。土礱磨米二百多石就要損壞。木礱必須靠强勞動力，土礱即使弱小婦女兒童也能勝任。老百姓吃的米，都是靠土礱加工的。稻穀礱磨後，再用風車搧去穀糠。」（也見金楓版《天工開物》上，〈粹精〉，頁二二一～二二二），這是利用同樣的風力，輕的穀糠吹得遠，重的米粒就吹得近。

——摘錄自《國文天地》七十九年五月號

「籠系」、「籠鈎」的真面貌

問 〈陌上桑〉：「青絲爲籠系，桂枝爲籠鈎。」此籠系、籠鈎究指何物？有何用？尤其「籠鈎」其狀若何？（馬來西亞讀者・楊彩梅）

答 **東吳大學中文系副教授王偉勇**：古代採桑，是用「桑籠」來盛桑葉。而桑籠，根據元朝王禎《農書》及明朝徐光啓《農政全書》所繪，有兩種形式（見下頁）

看了桑籠圖，再以〈陌上桑〉的詩句相對照，可知：圖一是以桂枝（圖中形狀並不似桂枝，此則依詩句解之，讀者自可聯想）扣住籠子，是爲「籠鈎」，再以青絲套住籠鈎，即所謂的「籠系」。圖二則是以青絲繫住籠子，稱爲「籠系」，再以桂枝鈎住籠系，即是

解 惑 篇

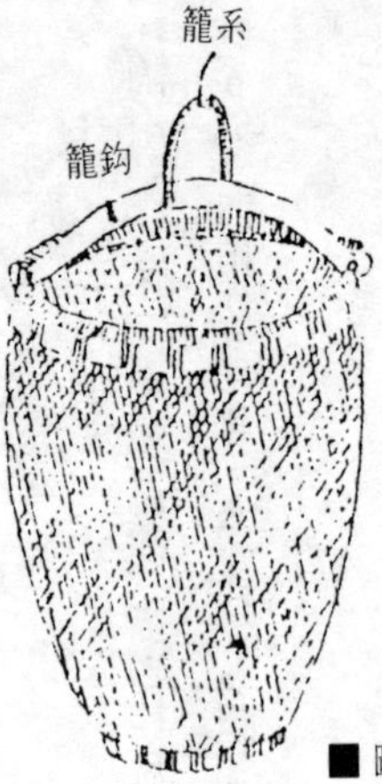

■圖一：(參《農書・卷二十一》)

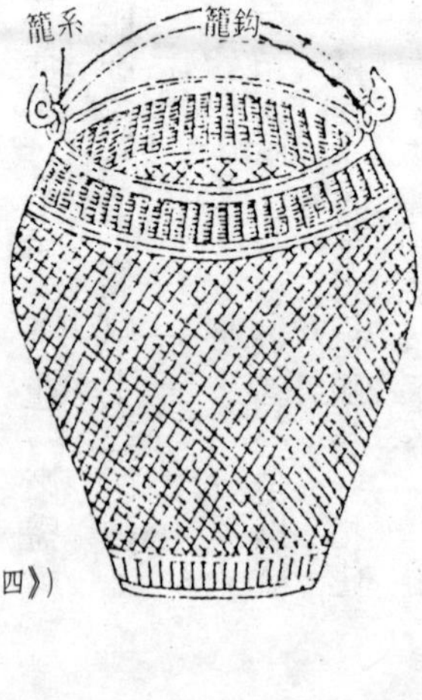

■圖二：(參《農政全書・卷三十四》)

「籠鉤」。圖文參對，這一組詩句，應可全然理解了。所以「籠系」，是指套在籠子或籠鉤的繩子。「籠鉤」，則是指鉤住籠子或套在籠系中的弧形木條。這兩件器物的作用，都是方便採桑者提挈桑籠。

——摘錄自《國文天地》七十七年九月號

六博、投壺、雙六局

問

《史記．滑稽列傳》說甘酒中，有一段話：「……男女雜坐，行酒稽留，六博投壺，相引爲曹。」其中的「六博投壺」是什麼意思？又《唐人傳奇》的〈遊仙窟〉中，有句：十娘笑曰：「莫相弄！且取雙六局來，共少府公賭酒。」其中「雙六局」又是何義？（讀者．郭振益）

答

政治大學中文系教授羅宗濤：一、**六博**：古之博戲。博、古作簙。《說文》：「簙、局戲也，六箸十二棊也。古者烏曹作簙。」烏曹，據《世本》爲夏桀之臣。這種博戲，因二人對局，各行六棊，故通稱「六博」，六、或作陸。《楚辭．招魂》：「菎蔽象棊，有六簙些。」王逸注：「投六箸、行六棊，故爲六簙也。」至其博法，東晉張湛注《列子》引古《博經》云：「博法，二人相對坐，向局。局分爲十二道，兩頭當中名爲水。用棊十二，故法六白六黑。又用魚二枚，置於水中。其擲采用瓊爲之。瓊畟方寸三分，長寸五分，銳其頭。鑽刻瓊四面爲眼，亦名爲齒。二人互擲采行棊，棊行到處即豎之，名爲驍，棊即入水食魚，亦名牽魚。每牽一魚，獲二籌；翻一魚，獲三籌。若已牽兩魚而不勝者，名曰被翻雙魚，彼家獲六籌爲大勝也。」其中瓊似後世之骰子，上刻采名，但爲長條四面，與今骰子之正方六面不同。此種博戲，約始於殷，盛於周秦漢魏間，南北朝漸廢。顏之推已謂「今無曉者」。

二、**投壺**：是吉、凶、軍、賓、嘉五禮中「嘉禮」的一種。《禮記正義》引鄭目錄云：「名曰投壺者，以其記主人與客燕飲講論才藝之禮。」投壺是將矢投入壺中，視其入壺的多寡爲勝負的一種禮，也可視爲一種比賽、一種遊戲。大約是賓客爲一方，主人及子弟爲一方，「司射」擔任裁判兼記分員。其規則是矢頭先入的才得分；主客雙方輪流投，如果一方連續投，雖入亦不計分。勝的一方斟罰酒給不勝的一方喝。罰酒飲過之後，爲勝利的一方安置一個籌碼——叫做「馬」，如果有一方已得了三「馬」，就飲一爵慶賀的酒。詳細的過程，請參閱《小戴禮記．投壺》第四十，以及《大戴禮記．投壺》第七十八。這兩篇〈投壺〉，內容雷同，但文字略有出入，可參照著讀。

三、**雙陸**：古之博戲，亦作「雙六」。其來源，各家說法不一，有的說是來自天竺，有的說是曹植所創，有的說是源於古之「六博」。就其名稱和玩法來看，似乎跟「六博」有點關連。雙陸的用具，有盤（即棋盤的盤）——也就是「局」、有子、有骰。至於名之爲「雙陸」，也有不同的說法：有人說是由於雙陸局有十二路，雙方各六路，因稱雙陸；有人說是黑白馬子各六，所以稱爲雙陸。這種博戲，可能起於曹魏，一直流行到宋，而唐朝似乎特別盛行，武則天就曾經一連幾個晚上夢到輸了雙陸；狄仁傑也曾經在武則天面前跟張昌宗賭雙陸，而以衣服爲賭注；也有賭櫻桃的，也有賭金錢的；更有通宵豪賭而傾家蕩產的。總之，雙陸是唐朝很流行的賭博，什麼都可以作爲賭注，所以〈遊仙窟〉裡，以之「賭酒」、「賭宿」。

——摘錄自《國文天地》七十五年七月號

■武則天

古人秉什麼「燭」夜遊？

問

曹丕〈與吳質書〉中說：「古人秉燭夜遊」。請問：

一、這「燭」是如今之蠟燭抑火炬？

二、我國的蠟燭何時發明？

三、外國的燭何時發明？中外的燭有淵源否？（臺中讀者・倪豪猷）

答

黎明工專國文科教授劉君燦：「燭」在遠古的意思本來就是「火炬」，據《周禮・司烜氏注》，植於門外曰火燭，於門內曰庭燎，但有時亦通稱；又《周禮・秋官》也說：「凡邦之大事，共墳燭庭燎。」朱熹注曰：「庭燎，大燭也。」而燭即火炬，唐孔穎達的

《禮記．曲禮疏》說得很明白：「古者未有蠟燭，唯呼火炬爲燭也。」

那麼「燭」是怎樣的一種火炬呢？原先只是焚燒一把灌木，後來則如《周禮．秋官》賈公彥疏解釋這種火炬是：「以葦爲中心，以布纏之，飴蜜灌之，若今蠟燭。」這就是庣燭，可能戰國已有，因《莊子》、《墨子》屢提之。而飴蜜即蜂蠟，燃燒較久，而蜂蠟由蜜蜂所產，又稱黃蠟，《神農本草經》曾將蜜蠟入藥，而戰國時已有用蠟做胚模製物（即所謂脫臘法），湖北隋縣戰國曾侯乙墓之青銅酒器盤尊即由脫蠟法製成。

所謂「膏蠟」，係一圓筒之油膏，包著一纖維或竹製的燈心。而蜂蠟與元明後普遍使用的白蠟皆爲昆蟲蠟，而西北地區石油副產之石蠟則爲礦物蠟（宋時陸游曾提及，見《老學庵筆記》），植物蠟則從元代方開始用。

至於「蠟燭」一詞則首見五世紀的《世說新語》言石季倫（石崇）用蠟燭作炊。而八世紀之《晉書》亦提及周顗用蠟燭。所以曹丕

解惑篇

之「古人秉燭夜遊」可能係蔴燭或膏燭。蠟燭火久且光，南梁簡文帝與庾信都有〈對燭賦〉，唐以後以之入詩者更史不絕篇。

至於西方，在西元前三千年之古埃及人和克里特島人就使用蠟燭了，他們用的可能是羊脂或蜂蠟，中世紀時教會儀典廣用蠟燭，到十八、九世紀，用鯨魚油脂和石蠟的蠟燭亦大興。甚至美國西海岸之印地安人用乾燥後之蠟燭魚為蠟燭照明，所以蠟燭係古文明都有之產物，但中西並未有如何之溝通；一者中國文明大盛之白蠟燭係中國西南特產白蠟蟲之白蠟，二者中國傳統製蠟燭係浸法，如燭心用植物脂，外殼用熔點較高之昆蟲蠟，而少用西方之模型法。

——摘錄自《國文天地》七十七年十二月號

敧器是什麼形狀？

問 敧器——現在何處可看到？其形如何？

（臺中讀者・倪豪猷）

答 **黎明工專國文科教授劉君燦**：敧器形狀構造推測如下頁左圖：係對流體重心調節之利用，水先注入1室內，會向左側傾斜；待1注滿，會由細管溢流入2室，則在右平衡，會正立；如2又注滿，則會溢流入3，3室溢滿入4室；因左邊過重會傾覆，故敧器即為傾欹易覆之器，古人置於座右以誡，名「宥坐」（「宥」與「侑」通，勸也，又與「右」同）。《荀子・宥坐》更以之為篇名，文中詳述：「孔子觀於魯桓公之廟，有敧器。孔子問於守廟者曰：『此為何器？』守廟者曰：『此蓋爲宥坐之器。』孔子曰：『吾聞宥坐之器者，虛則欹，中則正，滿則覆。』孔子顧謂弟子曰：『注水焉。』弟子挹水而注之。中而正，滿而覆，虛而欹。孔子喟然而嘆曰：『吁！惡有滿而不覆者哉！』」

這周代標本似一直傳到漢末，大約西元二六〇年時，杜預製造一套新器（《晉書》卷三十四）同時數學家劉徽著《魯史欹器圖》，想係討論此器重心原理者，惜已佚失。大約兩世紀後，祖沖之亦做過（《南史》卷七十二），天文學家與數學家仿造者亦多。西元五三八年薛橙所製甚爲精巧（《周書》卷三十八），信都芳則有附圖之書，到西元六〇五年耿詢又有出品（《隋書》卷十九、七十八），臨

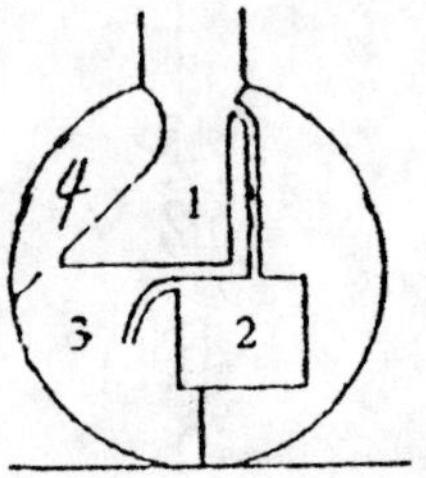

孝恭則有關於此器之著作，唐時曹王李皋在西元七九〇年亦有出品，係用漆木製成，西元一〇五〇年宋代丁度之《武經總要》則爲李約瑟所獲之最後重要資料，今日何處可見則不得而知。惟李約瑟提及阿

拉伯人曾甚感興趣，有所發展，如穆薩（Mūsa ibn Shakiv，西元八〇三～八七三年）的兒子所著書中即曾描述，蓋時值唐代與大食（阿拉伯）之交往期也。

——摘錄自《國文天地》七十七年十二月號

匡章何以不厚葬母親以及出妻？

問

近閱《孟子．離婁》中之「不孝者五」一則，論及匡章不能厚葬其母，以其母得罪乃父，今葬之，是欺死父也；又「爲得罪於父，不得近；出妻屏子，終身不養焉。」是爲補己之過。對於匡章以上兩種做法，頗爲不解。況且，古代不是有「七出」之條，匡章的妻子又是犯了那一條，爲何要遭此家庭悲劇？望能釋疑。謝謝！（鳳山讀者．林梅貴）

答

臺灣大學中文系講師王基倫：從《孟子》書原文看來，匡章並非不孝，只是他犯了一項過失：「父子責善，賊恩之大者。」換言之，匡章並非不敬愛父母，而是事奉的方法不對而已。這點過失，匡章事後當能察覺，可能也有過反省自責，於是做了一些補救：

一、父親在世時，他在父子失和的情況下，已經無法承歡膝下，奉養父親；因此決定不再被妻子侍奉，不和子女共享天倫之樂，其用心即在於：不忍父親未享有之快樂，而自己卻獨享之。這種做法，純粹出於「將心比心」的深惋隱衷，何嘗不是「孝的表現？」

二、父親去世後，有鑒於雙親生前感情不太融洽；因此決定不厚葬母親，以免再次做出令父親不悅的事情，其用心即在於：誠心誠意地愛護父親，以死後之敬禮，表達寸心哀思。

上述匡章的做法，分別見於《孟子．離婁下》、《戰國策．齊策》。如果我們聯想到《論語．學而》的說法，子曰：「父在觀其志，父歿觀其行，三年無改於父之道，可謂孝矣。」那麼，匡章的志行，以及知過能改的精神，是可以肯定的；孟子：「與之遊，又從而禮貌之」的態度，也是十分正確的。

此外，若要做更進一步的追探，可以從時代環境的角度著眼。

宋鮑女宗

女宗者宋鮑蘇之妻也養姑甚謹鮑蘇仕衛三年而娶外妻女宗養姑愈敬因往來者請問其夫賂遺外妻甚厚女宗姒謂曰可以去矣女宗曰何故姒曰夫人既有所好子何留乎女宗曰婦人一醮不改夫死不嫁執麻枲治絲繭織紝組紃以供衣服以事夫室澈漠酒醴羞饋食以事舅姑以專一爲貞以善從爲順豈以專夫室之愛爲善哉若其以淫佚爲心而扼夫室之好吾未知其善也夫禮天子十二諸侯九卿大夫三士二今吾夫誠士也有二不亦宜乎且婦人有七見去夫無一去義

■《列女傳》

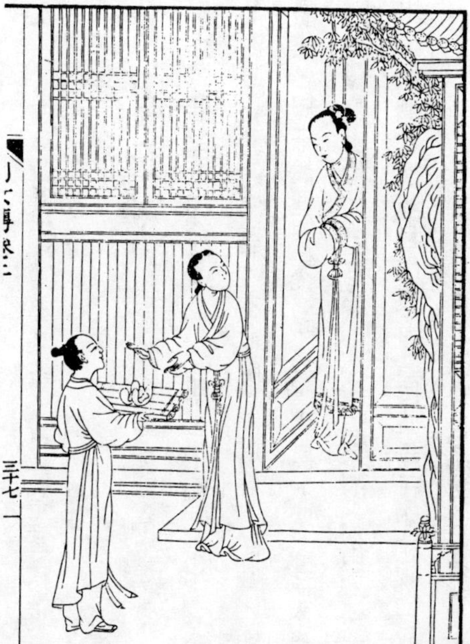

■宋鮑女宗(見《列女傳》)

解惑篇

在孟子那個時代，顯然是以男性爲中心的社會結構，甚至只有父系的親屬才能稱爲「族」，母系和妻系的親屬只能稱爲「黨」（請參見《爾雅．釋親》），族、黨的分別，象徵著地位的不同。匡章不願「欺死父」，而寧可選擇薄葬其母，可能是當代常有的重父系傾向，不足爲怪。

至於「七出」的說法，導源於西漢儒家的著作，如《儀禮．喪服疏》、《大戴禮記．本命》、《列女傳．宋鮑女宗》、《公羊傳．莊公二十七年注》、《孔子家語．本命解》等處皆有記載，顯然這是後來儒者的看法，經宋代理學家鼓吹後，大盛於明、淸兩代。似乎無法以此觀點解釋戰國時代的行爲，亦即匡章的「出妻」與後代休妻式的「七出」並無干涉，自然沒有「匡章妻子犯了那一條」的問題。

——摘錄自《國文天地》七十七年五月號

何謂「文膽」？

問 幫總統寫文章的人人，爲什麼叫「文膽」？

（臺北讀者·包懷德）

答 **臺灣師大國文系教授賴明德：**這個問題應當先從「膽」字說起。膽本是人體內的一個小器官，和肝臟相連，其功能在幫助消化。但是古人卻認爲人的勇氣和決斷力是從膽而產生的，謂之膽量。如《素問靈蘭祕典論》云：「膽者中正之官，決斷出焉。」注：「膽秉剛果之氣，故爲中正之官；有膽量則有果斷，故決斷出焉。」

膽量加上智慧，謂之膽智，如《後漢書·荀彧傳》：「唯嚴象爲揚州。」注引《三輔決錄》云：「象字文則，京兆人，少聰博，有膽

解惑篇

智。」《三國志．魏志．劉曄傳》注：「曄有膽智，言之皆有形。」膽量加上謀略，謂之膽略，如《三國志．呂蒙傳》：「公瑾雄烈，膽略過人。」《元史．楊惟中傳》：「金末，以孤童子事太宗，知讀書，有膽略，太宗器之。」

一個人若能膽智、膽略皆具，那麼無論說話或行文，必能理直氣壯，義正辭嚴，言人所未能言，論人所不敢論，而達到一言九鼎，擲地有金石聲的鉅大效果。所以，將膽智、膽略運用在知識的探求和學問的研究，謂之學膽，如劉子翬詩云：「班班眼中秀，學膽誰似渠？」運用在詩詞的吟詠和述作，謂之詩膽，如劉叉詩云：「酒腸寬似海，詩膽大於天。」運用在文才武藝的貯養和表現，謂之「文武膽」，如釋惠洪詩云：「平生貯書腹，中有文武膽。」

「文膽」一詞不見於古籍，當從「文武膽」一詞所析出，詞義類似學膽、詩膽或智囊。近人常指爲元首、宰輔或權貴者捉刀撰文的人爲文膽，如謂「某人是俞院長的文膽」，或「李總統的文膽是某人」，意思是指其人才學文藻，俱屬上乘，所捉刀而作的文章，理密詞雅，能令人折服，可以給元首、宰輔或權貴者增加膽智，充實膽略，壯大膽量，所以謂之「文膽」。

——摘錄自《國文天地》七十九年三月號

一里是三百六十步？

問

舊制云「一里」爲三百六十步，請問一步約多少公分？「一里」到底是多長？（臺北讀者・李德勳）

答

文化大學史研所博士班陳文豪：「步」在我國，向來用於計算地積之量，即丈量田畝之大小。《韓詩外傳》云：「古者八家而井田，方里而爲井，廣三百步，長三百步。一里其田九百畝，廣一步、長一步爲一畝，廣百步、長百步爲畝。」《漢書・食貨志》也說：「理民之道，地著爲本。故必建步立晦，正其經界，六尺爲步，步百爲晦，晦百爲夫，夫三爲屋，屋三爲井，井方一里，是爲九夫。」「步」亦稱爲「弓」，《儀禮・鄉射禮》載：「侯道五十弓。」《疏》

云：「六尺爲步，弓之下（古）制六尺，與步相應。」至清代就以「弓」爲畝制之名，《淸會典》稱：「丈地，則五尺爲弓，二百四十弓爲畝。」至民國四年始廢弓名，現今則步、弓之名全廢。

一步有多長呢？周秦漢之制，係以六尺爲步，《史記·秦始皇本紀》載：「數以六爲紀，符、法冠皆六寸，而輿六尺，六尺爲步，乘六馬。」司馬貞《索隱》曰：「《管子》、《司馬法》皆云六尺爲步。」唐至民初，則以五尺爲一步，《舊唐書·食貨志》云：「凡天下之田，五尺爲步。」《淸會典》曰：「度天下之田，凡地東西爲經，南北爲緯，經度候其月食，緯度測其北極，以營造尺起度，五尺爲步，三百六十步爲里。」

由上述可知，一步不論是六尺或五尺，都是以尺爲出發點，但我國歷代尺度系統不一，魏晉以前樂尺及常用尺並沒有差異，魏晉以後樂尺與常用尺分途，至明、淸，常用尺又分營造尺、量地尺、裁衣尺三種。趙岡《中國土地制度史》中，綜合前人研究的成果，以量地尺爲主，列有一表，可供參考，現轉錄於下：

朝代	時期	每尺公分數	每步尺數	每步公分數	每畝平方步數	每畝方公尺數	每畝折合市畝數
周	西元前一一二二—二二〇年	二二·五〇	六	一三五·〇〇	一〇〇	一八二·二五	〇·二七三
秦	西元前二二一—二〇五年	二三·一〇	六	一三八·六〇	二四〇	四六一·〇四	〇·六九一
西漢	西元前二〇六—西元八年	二三·一〇	六	一三八·六〇	二四〇	四六一·〇四	〇·六九一
東漢	西元九—二二〇年	二三·七五	六	一四二·五〇	二四〇	四八七·三四	〇·七三一
魏	西元二二一—二六五年	二四·一二	六	一四四·七二	二四〇	五〇二·六五	〇·七五四
西晉	西元二六六—三一六年	二四·一二	六	一四四·七二	二四〇	五〇二·六五	〇·七五四
東晉	西元三一七—四二〇年	二四·四五	六	一四六·七〇	二四〇	五一六·五〇	〇·七七四
南北朝	西元四二一—五八〇年	二九·五一	六	一七七·〇六	二四〇	七五二·四〇	一·一二八
隋	西元五八一—六一八年	二九·六〇	六	一七七·六〇	二四〇	七五七·〇〇	一·一三五
唐	西元六一九—九〇六年	三〇·〇〇	五	一五〇·〇〇	二四〇	五四〇·〇〇	〇·八一〇
五代	西元九〇七—九六〇年	三一·〇〇	五	一五五·〇〇	二四〇	五七六·六〇	〇·八六五
宋	西元九六一—一二七九年	三一·〇〇	五	一五五·〇〇	二四〇	五七六·六〇	〇·八六五
元	西元一二八〇—一三六八年	三四·〇〇	五	一七〇·〇〇	二四〇	六九三·六〇	一·〇四〇
明	西元一三六九—一六四四年	三四·〇〇	五	一七〇·〇〇	二四〇	六九三·六〇	一·〇四〇
清	西元一六四五—一九一一年	三四·〇〇	五	一七〇·〇〇	二四〇	六九三·六〇	一·〇四〇
民國	西元一九一二—	三三·三三	五	一六六·六五	二四〇	六六六·五三	一·〇〇〇

至於李先生所問：「一里三百六十步，一步約多少公分，一里到底是多長。」由前引《清會典》，應爲營造尺度，一步爲五尺，一里則爲一八〇〇尺，依〈中外度量衡換算表〉，一營造尺爲三十二公分，則一步爲一六〇公分，一里爲五八四〇〇公分，即五八四公

尺。

這一「步」確實是一大步。李先生若想更進一步的瞭解，可參考吳承洛《中國度量衡史》及林光徵、陳捷編《中國度量衡》等書。

——摘錄自《國文天地》七十八年十一月號

皇宮像安樂椅？

問 高中國文第一冊第六課〈故都的回憶〉：「皇宮建築都是長方形的，而且很對稱地安排得像一張安樂椅。」可否將皇宮建築稍加描述。（臺中讀者・沈憶蓮）

答 **故宮圖書文獻處研究員莊吉發**：我國傳統建築，以長方形者最爲常見。安陽殷墟經過十五次發掘，在小屯發現五十三處殷代建築基址，其中長方形基，數量最多，計二十五處，其餘近方形基、條形基、圓墩形基等數量較少。歷代宮殿建築，亦以長方形爲主，例如河北易縣燕國下都遺址，其城址作長方形，東西長八千二百公尺，南北寬四千公尺。秦代阿房宮，周圍廣達三百餘里，相當一百七十餘里，其中心阿房宮，東西約五百步，相當九十五公尺，南北五十丈，約一百二十公尺。唐代大明宮，座落於長安城內宮廷禁苑東南方，宮殿占地南北二・六公里，東西一・五公里。清代皇宮，繼承明代宮殿，以後歷經數度修建。北京城周圍廣達二十三公里，皇城在中央，周圍十公里餘，紫禁城又在皇城中，周圍六公里，宮殿佔地東西七百五十公尺，南北一公里，由前舉各例可知皇宮多爲長方形建築。

——摘錄自《國文天地》七十九年七月號

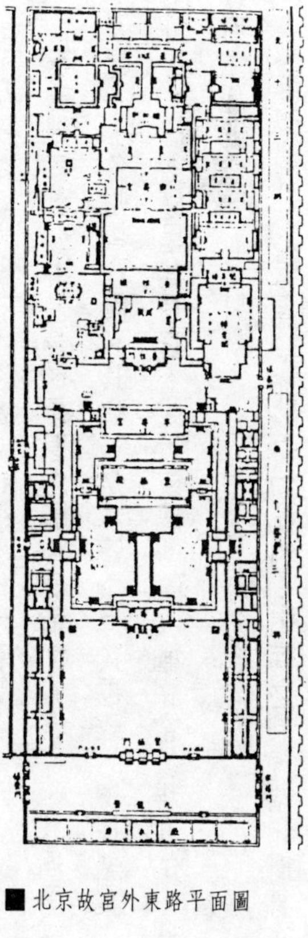

■北京故宮外東路平面圖

「簽書判官」大還是「法曹」大？

問 蘇軾任「簽書判官」時，以文〈稼說送張琥〉贈張琥，琥當時為「法曹」，官職以何者為大？（臺北讀者．潘美珠）

答 臺灣大學中文系教授王保珍：宋仁宗嘉祐六年（西元一〇六一年），蘇軾始以大理評事簽書鳳翔節度使判官廳公事。

簽書判官廳公事，是為幕僚之職，簡稱「簽判」，其衙署謂之「簽廳」，各州皆設置。其職務是掌管「裨贊郡政，總理諸案，斟酌可否，行文移呈其長官，或行或罷。」大概相當於現在的（州）政府主任祕書。

《事物紀原．撫字長民部》：「簽判：宋朝之制，諸州府幕官，大藩鎭，以京朝官簽署節度觀察判官者，曰『簽判』。」

京官與朝官的解釋如下：《宋史新編》：「凡一品以下，經常參謁主上者，謂之朝官；祕書郎以下，未經常參謁主上者，謂之京官。」

當年蘇軾以大理評事京官的身分，簽判鳳翔府判官廳公事。張璪，初名琥，字邃明，滁州全椒人，未冠登第，歷鳳翔法曹，縉雲令等（《宋史》卷三二八）。

《宋史》卷一六六〈職官志〉一一九：「開封府牧、尹不常置，權知府一人，以待制以上充掌尹正畿甸之事。……其屬有判官，推官四人，日視推鞫，分事以治而佐其長，領南司者一人，督察使院，非刑獄訟訴則主行之。司錄參軍一人，折戶婚之訟而通書六曹之案牒。功曹、倉曹、戶曹、兵曹、法曹、士曹參軍各一人，視其官曹分職涖事。……又詔天下州郡，並依開封府分曹置掾。」

由上引《宋史．職官志》，得知法曹乃州郡府內知府之下屬官員。當時開封爲首府，鳳翔爲次府，而府內設置依開封府例。其體制如下：

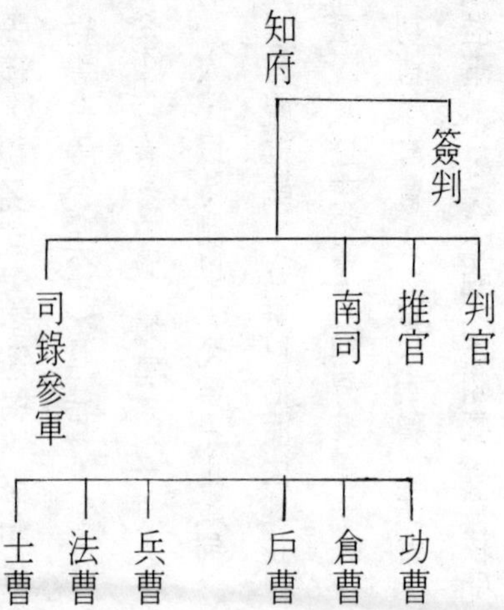

法曹：司法官也。《唐書．百官志》：「法曹司法，參軍事，鞫獄，麗法督盜賊，知贓賄沒入。」《宋史》卷一六六〈職官〉一一九：「河南應天府：法曹專掌讞議。諸州府同。」

按：當年，蘇軾與張琥同在鳳翔府任職，職位應該是簽判較高。但是，按《宋史》卷一七一〈志〉一二四〈職官〉十一俸祿來看，大理評事每月俸祿十千，春冬各絹三匹。功曹、法曹每月俸祿為十二千，倉、戶、士、兵各曹各十千。不知大理評事任簽判之後月俸是否增多一些，無記載可查。而宋的薪俸，不是統一薪俸。分俸祿（包括各種衣料棉花）、職錢、祿粟（米麥）、傔人（侍從）、衣糧、茶、酒廚料、薪炭諸物等實物配給。職位是簽判較高，薪俸等是簽判多，還是法曹多，不可詳知，一併附錄於此，以供參考。

——摘錄自《國文天地》七十九年七月號

何謂「青衣」、「發社」？

問

《中文大辭典》「青衣發社」條解釋：清制府州縣學生員歲科考落第者漸次降低其待遇，最後則停止生員之待遇，使之退學，著皂隸之服，曰青衣發社。

閱《清史稿．選舉志》，六等黜陟法謂「科考考列五等者……增降附、附降青衣、青衣發社……原發社者黜為民」，據此則「青衣」與「發社」乃為兩階段，《中文大辭典》解釋似太籠統，且原發社者復參加科考列五等方黜為民，「發社」似尚未達「使之退學」程度。（斗六讀者．王維楨）

答

臺灣師大歷史系教授王家儉：「青衣發社」一詞，源出於《大清會典事例》「衡文黜陟」一條。依據清順治九年（西元一六五二年）禮部題准之「生員考案」：一等文理平通者，增、附、青、社均補廩。二等文理亦通者，增補廩；附、青、社補增。無增缺，青、社先復附。三等文理略通者，原停廩者准收復候廩；青衣發社者准復附。四等文理有疵者，廩姑免責，暫停食餼。不作缺，予限讀書；增、附、青、社均扑責示懲。五等文理荒謬者，廩停作缺，原停廩者，增降附；附降青衣；青衣發社；原發社者黜為民。六等文理不通者，廩膳十年以上者發社；近六年以上與增十年以上者發本處充吏，不願者聽；餘皆黜退為民。內進學未及六年者發社。（參考《大清會典事例》卷三八二，頁十一～十二，〈禮部、學校、諸生考課衡文黜陟〉。）其後《清史稿．選舉志》遂據之以為「六等黜陟法》，而《清史》（國防研究院刊本）則作為「黜陟法」（選舉一），但其內容皆大致相同。

由上可知，先生來函所言：「青衣與發社乃為兩階段」；「且

解惑篇

原發社者後參加科考到五等方黜爲民，發社似尚未達使之退學程度」，洵屬正確。實際上「青生」（即青衣）與「社生」確爲兩個階段。此由前引文中所言，青衣歲考名列三等者可以「復附」（後爲附生）；名列五等者即爲「發社」（發回社學重讀）可以證明。蓋以明清二代，生員與一般人民略有不同。生員可免差徭，甚至可以享受公費之優待，而人民則須納稅，且自十六至六十皆有差徭之義務。一旦黜而爲民，此項優待即須取消也。

關於《中文大辭典》對「青衣發社」一詞之解釋，大體雖尚正確。然亦誠如先生之所言，實不免有稍涉「籠統」之嫌。非僅於清代六等黜陟法欠缺瞭解，誤以「青衣發社」即是生員退學爲民。且將此處之「青衣」，視之爲古時賤者所著「皂隸之服」，殊爲非是。查明清生員所著者乃爲藍衫（玉色、青圓領；參看《明史．選舉志》），與古代皂隸所著之青衣（黑衫，參看《辭海》「青衣」及「皂隸」條），二者雖皆名爲「青衣」，而其內涵實爲大異。且明清之「青衣」乃爲生員之一的別稱，與古代皂隸所著之「青衣」，更如風馬牛之不相及。

——摘錄自《國文天地》七十七年元月號

何謂「名田」？

問 董仲舒：「限民名田疏」中的「名田」應作何解？

（高雄讀者・周宏松）

答 **靜宜大學中文系教授徐漢昌**：周代實行井田之法，凡壯丁皆授田百畝，下至戰國之世，田地不增，而人口日加，於是農人「仰不足以事父母，俯不足以畜妻子，樂歲終身苦，凶年不免於死亡。」（《孟子・梁惠王》）李悝曾統計：「一夫挾五口，治田百畝，……五人終歲用千五百，不足四百五十。不幸疾病死喪之費，及上賦斂，又未與此。」（《漢書・食貨志》）農人的困苦，由此可見一斑。於是每遇征斂、戰事，只有告貸於官吏及富賈，《管子・輕重丁》即有此記載。農人無力償還，只有賣田鬻子，於是土地之買賣開始，董仲舒則以爲始自商鞅。其結果富者田連阡陌，貧者無立錐之地，至漢初仍是如此。

董仲舒有見於此，乃建議限制百姓「名田」，顏師古說：「名田，占田也。」即以私人名義擁有田產，所限制的對象自然以商賈

■董仲舒相

富人爲主。《史記・平準書》說：「賈人有市籍者，及其家屬，皆無得籍名田，以便農。敢犯令，沒入田僮。」這是漢代限制商賈占有太多田地，以免農人無自己的田地可耕的辦法。

——摘錄自《國文天地》七十七年十月號

何謂「五祭」？

問

于大成博士所著《文字文學文化》一書中，提及「紀年」一事，言商代有五種祭法：「彡、翌、祭、賞、𧧑」，能否加以說明？另外，對於「年」——「夏曰歲、周曰年、唐虞曰載」，各稱謂法的來由，可否作一解說？（屏東讀者．林先生）

答

臺灣大學中文系教授周鳳五：一、商代五種祭祀：五種祭祀是甲骨文所見商王祭祀祖先的五種祀典。

據董作賓先生考證，商王特別重視對祖先的祭祀，自祖甲始創五種祀典，排日祭祀，周而復始。起初祖先少，祭完一周，用日不多。至殷末帝乙帝辛，每年自彡至𧧑祭祀一周，恰足三百六十日，

解惑篇

約相當一年的日數，故一年也稱爲一祀。

至於五種祭祀之法，董先生說：「彡用鼓樂，翌用羽祭，祭用酒肉，賞用黍稷，劦是最後大合祭。」）《甲骨學六十年》頁一一三）羽祭即舞羽而祭，亦即《論語．八佾》的「佾」。詳請參閱董先生《殷曆譜》上編或李孝定先生《甲骨文字集釋》各該字下所引諸家說。

二、夏曰歲、周曰年、唐虞曰載：《爾雅．釋天》：「載，歲也；夏曰歲，商曰祀，周曰年，唐虞曰載。」這是戰國末以迄西漢前期經生整理古書舊說的結論，當時經生追述古史，喜歡加以斷代、分類，《禮記．明堂位》諸篇即其顯證。（所謂「有虞氏之……夏后氏之……殷之……周之……」）。歲，甲骨文中或爲祭名，或指年；祀，在殷代晚期指年，已如前節所述；年，原指農作物收成，至周人用爲時間的單位；載，《尚書．堯典》有「九載」、「七十載」、「三載」，經生遂附會以爲唐堯、虞舜之制。

——摘錄自《國文天地》七十六年四月號

「八股文」的比法

問 「八股文」未曾見過，可否刊登一篇，好讓讀者明瞭它提比、虛比、中比、後比的比法？（桃園讀者．李幼艮）

答 **東吳大學中文系教授劉兆祐**：「八股文」很多，明清以來的《會試錄》、《登科錄》中，都載有八股文。清代方苞所編的《欽定四書文》，則選錄了不少明代成化以後的八股文。這裡選錄一篇比較短、比較容易理解的八股文，那就是明代王鏊所寫的〈百姓足，君孰與不足〉一文：

民既富於下，君自富於上（以上兩句爲破題）。蓋君之

解惑篇

富，藏於民者也。民既富矣，君豈有獨貧之理哉（以上四句爲承題）。有若深言君民一體之意，以告哀公。蓋謂公之加賦，以用之不足也。欲足其用，盍先足其民乎（以上六句爲起講）。誠能百畝而徹，恒存節用愛人之心；什一而徹，不爲厲民自養之計。則民力所出，不困於徵求；民財所有，不盡於聚斂。閭閻之內，乃積乃倉，而所謂仰事俯畜者無憂矣；田野之間，如茨如梁，而所謂養生送死者無憾矣（以上十四句爲起股）。百姓既足，君何爲而獨貧乎（以上二句爲虛股）。吾知藏之閭閻者，君皆得而有之，不必歸之府庫而後爲吾財也；蓄之田野者，君皆得而用之，不必積之倉廩而後爲吾有也。取之無窮，何憂乎有求而不得？用之不竭，何患乎有事而無備（以上十句爲中股）？犧牲粢盛，足以爲祭祀之供；玉帛筐篚，足以資朝聘之費。借曰不足，百姓自有以給之也，其孰與不足乎？饔餐牢醴，足以供賓客之需；車馬器械，足以備征伐之用。借曰不足，百姓自有以應之也，其孰與不足乎（以上十四句爲後股）？吁！徹法之立，本以爲民，而國之用乃由於此，何必加賦以求富哉（以上爲大結）。

附注：

「起講」也叫「小講」、「發凡」、「原起」。「起股」也叫「起比」、「提股」、「提比」。「虛股」也叫「小股」、「虛比」。「中股」也叫「中比」。「後股」也叫「後比」。

——摘錄自《國文天地》七十八年九月號

「壯族」名稱的由來

問 近日電視播映「廣西壯族自治區舉辦全國少數民族運動會」的部分節目，請問「壯族」名稱由來爲何？其族性爲何？（臺北讀者．于艾瑩）

答 **大陸中國國家民族事務委員會副研究員張崇根**：壯族是我國少數民族中人口最多的一個，主要居住在廣西壯族自治區、雲南省文山壯族苗族自治州和廣東等地。由於各地發音不同和漢字轉寫的差異，壯族有許多不同的自稱或他稱，如布壯（又轉寫爲「布爽」）、布儂、布土、布樣、布班、布越、布那、布曼、布岱、布敏、布隴、布東、布饒、布傣、布雅伊和佷、僚、儂、土等。

文化常識

壯族這一族稱是據其自稱布壯（bu-Zhuang，意爲壯人）確定的。「壯」，史書上又寫作「僮」（Zhuàng）或「撞」，最先見於南宋史籍。葉錢慶元元年（西元一一九五年）寫的《溪蠻叢笑》序中說，南方民族「有五：曰苗、曰瑤、曰僚、曰僮、曰仡佬。」李曾伯在上宋理宗的奏摺中，說廣西宜山有「撞丁」。解放以後，統一使用「僮」族這個族稱。由於漢字的多音多義，往往造成對「僮」字的誤讀誤解而傷害民族感情。西元一九六五年十月，周恩來倡議，將「僮」字改爲强壯的「壯」，「僮族」一律改爲「壯族」。

壯族是一個具有悠久歷史和燦爛文化的民族，壯族先民繪製的左江花山崖畫、鑄造的精美銅鼓聞名於世。壯錦、刺繡等工藝品和山歌、壯戲等文學藝術獨具民族風格。壯族人民勤勞、勇敢、熱愛國家，在抗擊倭寇、反抗法國侵略等戰爭中，都寫下了壯麗的篇章。

——摘錄自《國文天地》八十一年二月號

「相撲」起源於中國

問

最近在報紙體育版上常看到日本「相撲」運動的消息，國內電視廣告也有以「相撲」選手賣冷氣的。因為日本許多文化均沿襲中國，如茶道、花藝、圍棋等，不知「相撲」是日本的本土運動？還是起源於中國？（臺北讀者・張淑芬）

答

《國文天地》編輯部：「相撲」是我國傳統體育項目之一。古稱角抵，猶今之摔跤。最早見於宋代的類書《太平御覽》七五五引晋王隱《晋書》載：「襄城太守責功曹劉子篤曰：『卿郡人不如潁川人相撲。』篤曰：『相撲下技，不足以別兩國優劣。』」唐代也流行相撲，《舊唐書》卷五〈兵志〉記曰：「六軍宿衞皆市人，富者販繒彩，食粱肉；壯者爲『角抵』、『拔河』、『翹木』、『扛鐵』之戲。」當時的「角抵」係專爲貴族的表演。

到宋代，「相撲」成爲大衆娛樂，據《夢粱錄》記載：「若論護國寺南高峯露臺爭交，須擇諸道州郡膂力高强，天下無對者，方可奪其賞。如頭賞者，旗帳、銀杯、彩段、錦襖、官會、馬匹而已。」《武林舊事》則記錄當時相撲（即角抵、爭交）名手有王僥大、張闕索、撞倒山、王急快等四十餘人。後來在小說《水滸全傳》中所描述的燕青智撲擎天柱的相撲比賽，生動的呈現了這類露臺爭交的情景。另有在瓦子裡日常進行的表演性質的相撲，其競爭性較不强烈：「瓦市相撲者，乃路歧人聚集一等伴侶，以圖摽手之資。先以女颭數對打套子，令人觀睹，然後以膂力者爭交。」開場表演的女子相撲手，當時有賽闕索、囂三娘、黑四姐等。除了一般相撲表演及女子相撲外，還有小兒相撲、喬相撲表演。相撲時的服裝，沿襲著漢唐以來的舊制，比賽雙方上身完全赤裸，下身光腿赤足，僅在腰胯束有短褲，頭上一般是梳髻不戴冠，也有時足下穿靴或

■《山西晉城南社宋墓的相撲圖》

鞋。在山西晉城南社宋墓中，墓室南頂繪有一幅相撲圖（見右圖），描繪出宋代相撲的情景。畫面中有四個相撲的力士，都是赤膊光腿，僅穿短褲，頭巾黑色，穿靴。兩側的兩個人是旁觀者，中間兩人則全力拚搏，堅持不下。至於女子相撲時的裝束，可能與男子差不多，肢體裸露，因此當時的文人很看不慣。北宋時，司馬光還特別寫過〈論上元會婦人相撲狀〉，要求禁止「使婦人裸戲於前」的婦人相撲。由以上的討論，可知「相撲」實起源於中國，且由來已久。（另請參見萬卷樓圖書有限公司出版《古代禮制風俗漫談》(二)，〈漫談「相撲」〉一文）

——摘錄自《國文天地》八十一年五月號

密圈與密點

問 古人批點書籍所使用的符號，有些令人不解，如在詩句的右邊畫「。」與「、」，各代表了甚麼意義？（臺北讀者．江先生）

答 臺灣師大國文系教授江應龍：在詩句右邊畫「。」，叫「密圈」；在詩句右邊畫「、」，叫「密點」。

古人讀的書——古書，差不多都沒有句讀，自然更沒有標點符號，所以古人讀書時，便隨手加以句讀，也就是圈點。興之所至，遇到他認爲特別精彩，或特別重要的地方，便在句旁（句子的右邊）加上密圈或密點。

甚麼情形該加密圈，甚麼地方該加密點，似乎沒有嚴格的規定，也就是說：密圈與密點，似乎沒有顯著的分別。或者說：甚麼地方該用密圈，甚麼地方該用密點，往往因人而異。

如陳延傑注釋的《孟東野詩集》，從頭到尾差不多都是密點，很少用密圈。侯官嚴氏評點《王荊公詩》，從頭到尾差不多都是密圈，很少用密點。這只能說是讀者（評點人）的習慣不同而已。

如果一個讀者（評點人）在他評點過的書中，也有用密圈的，也有用密點的。我們後人仔細加以研究、分析，對於兩者的區別，也可以窺出一點端倪來。

大致說來，凡用密圈的，那些句子可能都文辭華美，聲調鏗鏘，讀起來使人覺得起美感，或者是視覺美，或者是聽覺美，有諷誦和記憶價值的。凡用密點的，那些句子，可能是綱領性的，眉目性的，或像古人所說的「詩眼」，或具有點醒作用的，或者是見解特別精闢的。當然，這只是就大體而言，例外的可能也不少。

如沈大成評點《杜詩詳註》（藝文印書館景印線裝本），「星臨萬戶動，月傍九霄多。不寢聽金鑰，因風想玉珂。」（〈春宿左省〉）「野館穠花發，春帆細雨來。」（〈送翰林張司馬南海勒碑〉)、「穿花蛺蝶深深見，點水蜻蜓欵欵飛。」(〈曲江二首〉)、「桃花細逐梨花落，黃鳥時兼白鳥飛。」(〈曲江對酒〉)、「星垂平野闊，月湧大江流。名豈文章著，官應老病休。」(〈旅夜書懷〉)、「煙添纔有色，風引更如絲。」(〈雨〉)、「殊方日落玄猿哭，舊國霜前白雁來。」(〈九日五首〉)，還有〈登高〉全首：「風急天高猿嘯哀……」右旁都打密圈。因爲這些句子都十分精闢，美麗鏗鏘。

同書〈別唐十五誡因寄禮部賈侍郎〉中間有些句子用密圈，最後一句「病肺臥江沱」用密點，表示這句在這首詩中有點醒的作用。前面「白鶴久同林，潛魚本同河，未知棲集期，衰老強高歌。」「久」字、「本」字旁打兩密點，表示這兩個字很重要。「未知棲集期」旁打密點，表示與上「久」、「本」相應。「衰老強高歌」旁打密圈。〈絕句三首〉第二首的「洗藥浣花溪」，第三首的「狂風太放顛」旁加密點，表示該首詩的要點。〈園〉的前兩句：「仲夏流多水，清晨向小園」旁打密點，因爲這兩句在這兩首詩中，有提示作用。〈江梅〉的前兩句：「梅蕊臘前破，梅花年後多」，情形相同。〈牽牛織女〉中：「颯然精靈合，何必秋遂逢？」旁打密點，也許他覺得這意見很精闢。

還有「雨檻臥花叢，風牀展書卷。」（〈水閣朝霽〉）、「酒債尋常行處有，人生七十古來稀。」（〈曲江二首〉）、「林中才有地，峽外絕無天。」（〈歸〉）、「遠媿梁江總，還家尚黑頭。」（〈晚行口號〉）、「花亞欲移竹，鳥窺新捲簾。」（〈入宅三首〉）這些句子，既有密圈，又有密點，也許他覺得這些詩文辭既美好，意見又精闢吧！

這裡附帶一提的，這部書對於他認爲不好的句子，在右邊打一條槓子，（原書是紅槓，景印出來便是黑槓了。）如〈復愁十二首〉之四，在「身覺省郎在」旁打一槓，眉批云：「子美此種酸語，每失笑，亦欠通。」、〈夜雨〉在「爲郎忝薄遊」句旁打一槓，眉批云：「子美一員外郎，亦不忘時時賣弄。」、〈雲〉在結尾兩句：「高齋非一處，秀氣豁煩襟」旁打一槓，眉批云：「不成語。」這種情形很多，對詩的鑑賞批評，很有幫助。

中華書局就原刻本影印的《讀杜心解》，有密圈、有密點。里仁書局、華正書局景印的大陸學者整理過的《杜詩鏡銓》，有密圈，有密點，有眉批，有旁批，讓讀者對杜詩有更多的瞭解與領會。

侯官嚴氏評點的《王荊公詩》，用密圈的情形和沈大成評點的《杜詩詳註》差不多，如：「秋水瀉明河，迢迢藕花底。」（〈散髮一扁舟〉）、「浮雲帶田野，落日抱汀洲。」（〈舟中讀書〉）、「問訊桑麻憐巳辰，按行松雪喜猶存。」（〈歲晚懷古〉）、「數家雞犬如相識，一塢山林特見招。」（〈回橈〉）、「壯節易摧行踽踽，華年相背去堂堂。」（〈次韻東廳韓侍郎齋居晚興〉）、「蕉中得鹿初疑夢，牖不窺龍稍眩眞。」（〈夜讀試卷〉）、「青眼坐傾新歲酒，白頭追誦少年文。」（〈次韻酬宋玘〉）、「病身最覺風露早，歸夢不知山水長。」（〈葛溪驛〉）、「一水護田將綠遶，兩山排闥送青來。」（〈書湖陰先生壁〉）都是。可惜這部書用密點的地方很少。

前面說過，用密圈或密點，因使用人的習慣不同，看法有異，同一首詩，不同的人圈點，結果可能並不一致。以〈秋興八首〉為例，第一首上述版本的《杜詩詳註》八句都有密圈，《杜詩鏡銓》的五六兩句無圈。第二首七八兩句《鏡銓》有密圈，《詳註》沒有。第三首五六兩句《詳註》有密圈，《鏡銓》卻沒有。第四首一、二、三、四四句，《詳註》既有密圈，又有密點，《鏡銓》三四兩句有密圈，一二兩句沒有。第五首《鏡銓》從頭到尾都有，《詳註》則三四兩句、七八兩句都沒有。第六首《鏡銓》從頭到尾都有，《詳註》第一、二、五、六、七句都沒有。第七首《詳註》從頭到尾都有，《鏡銓》則一二兩句沒有。第八首《鏡銓》一二兩句沒有，《詳註》一二兩句作密點，三四兩句密圈，後半只「春相問」「干氣象」六字旁有密圈，其餘都沒有。我另藏有王引之評點的《杜詩詳註》，以及就原刻本影印的《讀杜心解》，可惜都不在手邊。否則作一比較，當有更多的歧異。這就叫做「見仁見智」，各有不同。不過大體說來，是相差不遠的。

——摘錄自《國文天地》八十年九月號

「書法」課程的價值

問 可否請貴刊邀請教授談一談「書法」課程的價值。（按：目前高中國文並無書法課的時段，且國文老師多非書法專門教師，學生依樣畫葫蘆到底有多少意義？）（讀者：方濟中學教師申玉玲）

答 **臺灣大學中文系教授陳瑞庚：**書法課程在各階段教育過程均流於形式，已是長久而又被人詬病的事實，指導的教師不具起碼的專業知識，學生也都以塗鴉的心情應付著，在這種情況下，「教」與「學」都必不能期待有任何成績的。

就實用的情況下，以毛筆書寫的應用文字，除了店招、匾額之類尚有此需要外，也幾乎沒有別的使用場合。如果練習毛筆字是爲了「實用」，恐怕也已非常的「不實用」了。

而教育當局到現在仍未能面對這個問題，顯然也有它解不開的心結和放不下的包袱。因爲書法是全世界各文化系統中所無，而又最具特色的藝術，在中國文化史上，書法也遺留下豐富而燦爛的遺產。面對先人的這種成就，似乎我們也必須負起繼往開來的傳承責任。

然而，即使有此承傳的責任，當我們面對「現實」時，仍必須有承認「目前的書法教育絕對無效」的勇氣。就算我們像鴕鳥般心態因循下去，也必不能達到「承傳」的目的。

所以我認爲：

一、「書法」應該把它歸入藝術課程，而不是「共同必修科」。改革的辦法是將中、小學各階段的書法課程和作業一律廢棄，而代之以課外活動輔導，讓有興趣的學生自由參加、學習，讓有眞正指導能力的教師負責輔導。當然，教育當局必須立刻成立「書法教師養成」之教育單位。

二、國家應成立「書法研究中心」，以國家的力量，集中書法

解惑篇

的研究資料，集中有興趣的書法界人才，撥以充足的經費，輔導研究人員往書法史研究與書法藝術創作二大方向發展。唯有如此，「書法藝術」才不會再無限期、無指望的自生自滅，祖宗的文化遺產，也才有可能達到承傳甚而發揚光大。

以上二項是教育當局興革書法教育的當務之急。

書法雖然已不實用，然而書法教育，仍然有它積極性的貢獻，除了提升個人藝術修養不論，在練習書法的過程，我們可以感受到許多精神上的薰陶，和個人道德方面的修心養性。所以練習書法不一定爲了實用，更不必盼望成爲書法家！我們可以看到許多長輩朋友，透過書法來享受他們晚年生活的寧靜。我們也發現許多家長，在望子成龍的心態下，仍然願意付出大筆束脩，讓他的愛子接受不具實用意義的書法「薰陶」。我常常强調，書法是最不侵害別人的個人修養項目，也是最無副作用的藝術。如果我們能把心態作如此調整，相信「書法練習」就必不至於這麼可厭！

——摘錄自《國文天地》八十年十月號

「算學」和「地理」是什麼學問？

問

高一國文第一册第十課的作者欄裡說劉鶚少精算學，明地理。請問「精算學，明地理」要如何解釋？它們分別是指什麼樣的學問？

（清水讀者．王豐瑞）

答

臺灣師大國文系教授黃慶萱：「算學」一詞，有廣狹二義：廣義的又稱「數學」，指計論數量、平面、空間圖形等之科學。包括代數、幾何、微分、積分、解析幾何、三角等。狹義的又稱「算術」，指以數字表數而論其性質、關係和運算的學科。如整數、小數、分數、加減乘除、開方、比例等之運算。

中國古代的「算學」常與「天文」合在一起研究。所以我國最早一本算學方面的書——《周髀算經》，書中講「句三股四弦五」，講「圓周率三，圓徑率一」，固然屬廣義「數學」；但所講「推步」，推求日月五星的度數，卻屬「天文」。一直到清代編《四庫全書》，仍認爲「惟算術天文相爲表裡」，在「子部」中，合「天文算法」爲一類。劉鶚所「精」的「算學」，就是此種與「天文」合一的更廣義的「數學」。民國二十三年五月二十日《人間世》第四期，上有劉鶚之侄劉大鈞寫的〈劉鐵雲先生軼事〉，記載劉鶚：「曾著《句股天元章》、《弧三角》……。」便是很好的證據。

「地理」本指山川土地的環境形勢，這與人類居住品質及農牧生產等等當然也有密切關係。中國古代的地志，但記方域、山川、風俗、物產而已；及宋，更增記當地人物和藝文活動。現代的「地理學」，則是研究地球表面空間上各種自然現象及其與人類相互作用的一門科學。至於另有相地看風水者，名堪輿家，又名地理師，其學雖然部分有理論和經驗上的依據，但部分亦頗涉迷信。後者似可名之爲「堪輿學」，以與前者「地理學」有所區別。在《小方壺齋輿地叢鈔補編》第四帙，有劉鶚著《三省黃河圖說》，清宣統二年（西元一九一〇年）山東河工研究所刊行的單行本名《歷代黃河變遷圖考》，以河道繪圖十幅，附以解說。可知劉鶚所「明」的「地理」，是科學的「地理學」，而不是部分涉及迷信的「堪輿學」。

——摘錄自《國文天地》七十八年三月號

■顧炎武像

古代知識分子結社的起源

問

中國古代知識分子結社的起源爲何？依問學、論政……等不同性質區分，有那些類別？從什麼資料可以查考到相關訊息？（臺南讀者．王穎）

答

臺灣師大國文系教授莊萬壽：結社依現代的意義言，是一羣人爲共同的興趣、主張、目的而集結的有組織、制度、成員、活動的長期性集體。如各種民間團體、政黨就是。民主國家的憲法，都明定人民有結社的自由，以這樣的標準來衡量中國古代封建王朝社會，則除去政府、宗教、學堂的組織外，似乎不存在結社；而就「結社」一詞的傳統概念言，宋明以後都指「以文會友」的團體而已。就傳統知識分子結社的實質意義言，是泛指古代士人所組織或自然形成的政治、學術的團體或柔性的集團。

因此，知識分子結社的雛型，宜上溯到先秦，惟其內部結構尚不是平行關係，而是上下的師生與主客兩種形式。師生集團如春秋時的孔子及傳說被孔子所殺的少正卯，他們已開始私人講學，擁有自己的學生。到戰國，諸子與各自的門下都蔚成一家之私學。兩漢以後，師生集團，常是歷代政治或學術派閥勢力的重要組織。至於主客集團盛行於中古以前，早期爲諸侯、權臣養士，如戰國孟嘗君等四公子，漢初吳王、梁孝王、淮安王皆廣招四方之士，引爲勢力。東漢六朝地方豪族，亦善養士，頗多「門生故吏」。

嚴格說平行關係的結社起於東漢魏晉。東漢中葉後，宦官當政，地方士族出身的官僚，結合洛陽三萬太學生，結成強大的反宦官集團，他們之中，因交遊或里邑等因素而相互標榜，形成許多小集團的稱謂，如陳蕃等三人爲三君、李膺等八人爲八俊，郭林宗等爲八顧，張儉等爲八及、度尚等爲八廚。他們抨彈時政，成爲濁世的清流。又曹魏末以嵇康、阮籍爲首的竹林七賢，談玄論政，契若

■八俊之一的李膺

金蘭，是中國早期知識分子結社的典範。在這同時，道教、佛教也開始結社，成爲地方的教團。

以「社」作爲結社之名，雖然最早的資料是東晉慧遠在廬山所結的白蓮社，但那是修西方淨土的宗教性團體。至於詩、文社的正式組織，大概最晚起於宋、元，《苕溪漁隱叢話》引《桐江詩話》說北宋元祐間已有詩社。而最蓬勃的則爲晚明。這與當時的商品經濟興

■竹林七賢

起、書院講學鼎盛有關。

知識分子結社很難分類，一定要分，勉強可分二種形式，一是講學授課的書院，一是集會吟唱的詩、文社，但很難分何者是問學、還是論政，這要看社會環境來決定。明代顧憲成因「建儲」的問題，得罪權勢被罷官，而與同道高攀龍重修東林書院，其志本在諷議時政，與當局抗衡。稍晚集合匡社、幾社等文社而成復社，亦繼東林成爲批判權貴的團體，而清初的驚隱詩社，亦含有濃厚的政治意義。不過，清朝二百多年中，各地的書院、文社，當然是問學多論政少。可是到清末，知識分子結社又活躍起來。包括台灣的櫟社、南社等詩社，都有濃厚的民族精神意識。至於孫中山先生組織興中會的革命運動，實是中國知識分子結社歷史的新發展。總之，結社是知識分子的傳統與責任，是推動歷史前進的動力。

古代知識分子結社的資料，可見正史的儒林傳、文苑傳、文藝傳，及《後漢書．黨錮傳》、《宋史．道學傳》。又近人陳登原《國史舊聞》有「詩文社」、「復社」、「東林黨」等條，有關知識分子的專書可參見周谷城《中國社會之結構》（臺灣文學史會）、徐復觀《周秦漢政治社會結構》（學生）、余英時《中國知識階層史論》（聯經）等書。

——摘錄自《國文天地》七十七年十月號

「兩金」價值爲何？

問 連橫〈臺灣通史序〉一文提及：其父以「兩金」購得《臺灣府志》。請問「兩金」在當時價值爲何？（臺北讀者．潘美珠）

答 **臺灣師大國文系教授莊萬壽**：一、教科書的編寫，必須先消化原始資料，不能瞭解的詞彙，乾脆就刪去，不可輾轉相抄，把問題丟給教師，〈臺灣通史序〉「作者」欄稱：「其父以兩金購《臺灣府志》……」就是一例。

二、「金」是貨幣單元的泛稱，歷代稱金者，包括黃金、銅、銀不等。「兩金」在該文中指兩圓，是銀元，《臺灣府志》初編爲康熙時的高拱乾，而連雅堂的父親連得政所買的是乾隆二十五年余文儀的《續修臺灣府志》。

三、依臺灣經濟史的專家現臺灣省文獻會編纂王世慶先生稱：光緒年間（包括日治之初）臺灣流行的銀元有西班牙、墨西哥，（以上兩種又稱佛頭銀）及清鑄幣局所鑄的各種銀元，價值大抵相同，其含銀純度有〇．七二及〇．六八不等，當時一銀元約可購買半石（五百台斤）多的稻穀，兩個銀元約近當時工人半個月的薪水。

——摘錄自《國文天地》七十八年七月號

文不對題的作文如何下評語

問 在作文批改中，評語應先寫優點，後寫缺點，但遇到一些文章文不對題，或是眞的一無可取時，該如何下評語才不會傷學生的自尊？

（花蓮讀者・富北國中教師譚佩儀）

答 **高雄師大國研所教授蔡崇名**：在作文批改中，評語先寫優點後寫缺點是一般的原則，如果在某些特殊情況下加以變通，應是合理的。另外，在下評語時顧及學生的自尊也是必需的；評語的功用：一在指出優點，鼓勵學生精益求精；一在指出缺點，建議學生加以改進；但是批評缺點如過於嚴苛，往往打擊學生的信心和自尊，而收不到改進的效果。所以在評語中，指出缺點之前，也應該提出優點加以鼓勵，以免發生不良的後遺症。

如果遇到學生作文有「文不對題」或「文章眞的一無可取」時，固然可以批評其缺點；不過這時要考慮用詞，不必要把他寫得太嚴重，使他喪失作文的信心；應當爲學生稍留餘地，寫得委婉一點，讓學生知道錯在那裡，如何改進就好了。至於這些文章要挑優點也是可以的，只是標準不同而已：每一個學生的優點和缺點，其標準是不同的，程度高的學生，標準固然要高一點；至於程度很低的學生就不必苛求了，例如，字寫得很整齊、錯別字減少、標點符號清楚、語句比以前清楚、知道加以分段……這些都可以算是優點了，所謂「欲加之罪，何患無詞」，在評語上欲加優點又有什麼困難呢？所以，評語仍以兼顧優缺點比較好。

——摘錄自《國文天地》八十一年三月號

黃庭堅考二次舉人？

問

讀貴社出版《中國古代文學人物・獨樹一幟的北宋詩人黃庭堅》文中，提及：「庭堅先後兩次赴鄉舉，都考中頭名」，科舉時代中了舉人就可應進士試，而庭堅不但考中舉人，而且得頭名，爲何要重考？（鳳山讀者・陳平）

答

中山大學中文系教授鮑國順：「黃庭堅爲何要考兩次舉人？」這個問題的產生，是因爲沒弄清楚宋代與明清兩代的考試制度，原本有所不同而致。明清兩代的讀書人，由童生到進士，一般要經過四級考試，即童試、鄉試、會試、殿試。童試即童生入學的考試，童生經過考試，進入各州縣所設立的學校就讀，稱爲生員，俗稱秀才。

解惑篇

鄉試每三年在省城舉行一次，由省內各地的秀才參加，中式者稱爲舉人，即有資格參加會試。會試也是三年舉行一次，地點在京城，中榜者稱貢士，貢士最後再參加殿試。殿試是由天子主持，與會試同年舉行，分一二三甲三等，分別錄取。一甲三人，賜進士及第，二甲若干人，賜進士出身，三甲若干人，賜同進士出身，皆通稱爲進士，並各授官職。這是我們一般對科舉考試的瞭解。

而宋代的考試制度，與明清頗不相同。當時的讀書人，若欲爲官，大抵是先經過「貢舉」（即「鄉貢」）的過程，再通過禮部的考試，中榜後，即可直接分派官職。「貢舉」係由各州府的主管官員，在轄區內選出若干人才，再將這些人才推舉到中央政府參加禮部的考試，其地位相當於明清的鄉試，而禮部考試的地位，則同於明清的會試。貢舉所選拔出來的人才，通稱爲「舉進士」，或稱爲「舉人」。稱爲「舉進士」的原因，是因爲當時禮部考試，是分科舉行的，而最爲人所重視的便是進士科，所以便將應考者稱爲舉進士，考上了，則稱爲進士及第，或登進士第。至於稱爲「舉人」的

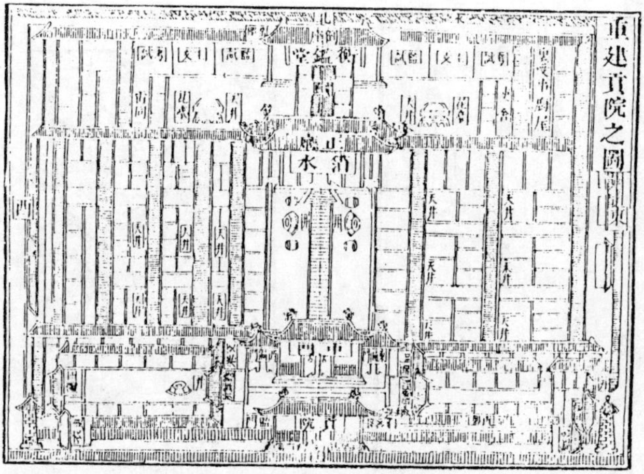

■宋代貢院圖

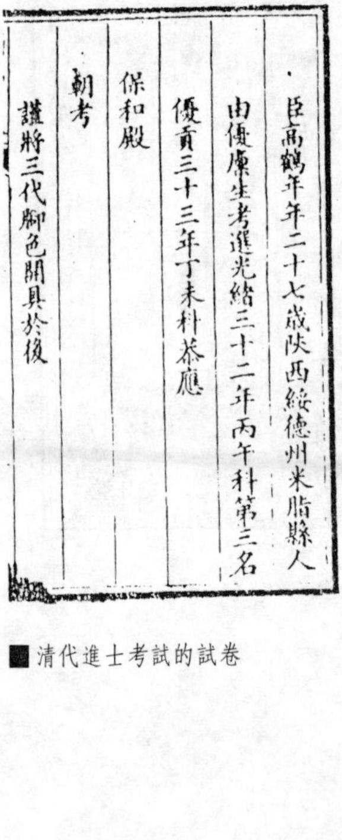

臣高鶴年年二十七歲陝西綏德州米脂縣人
由優廩生考選光緒三十二年丙午科第三名
優貢三十三年丁未科恭應
保和殿
朝考
謹將三代腳色開具於後

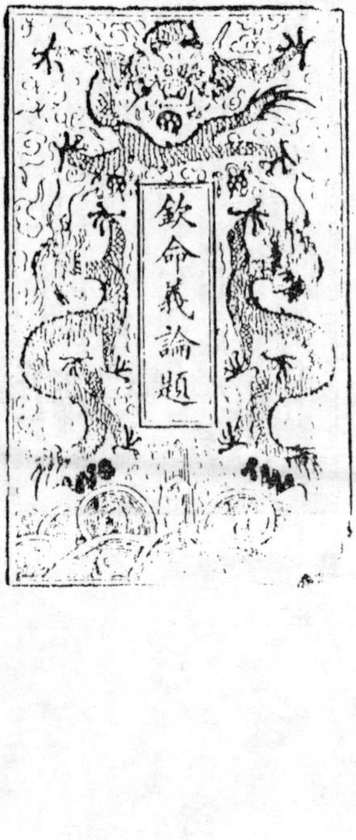

■清代進士考試的試卷

文化常識

原因，意謂舉薦之人才。舉人在進士及第（即通過禮部考試）後，旋可任官，不復稱爲舉人，若不第，則須由州府再行薦舉。

由以上的說明，可知宋代的「舉人」或「舉進士」，和明清時期的「舉人」與「進士」身分並不相同。其中最大的差別，在於明清的「舉人」、「進士」是個定名，有一定的身分地位，而宋代的「舉人」或「舉進士」，只不過是一種有限的應考資格而已，一次沒考上，須經再舉，方得再考。以黃庭堅爲例，他在十九歲時，初次接受鄉貢，可惜二十歲時禮部試未第，於是二十二歲再赴鄉舉，而以第一名膺選，就在第二年二十三歲時，通過禮部的考試，登進士第，旋受任爲汝州葉縣的縣尉。有關「舉人」一名在唐宋與明清時期不同的內涵，顧炎武《日知錄》有「舉人」一條，可以參看。

——摘錄自《國文天地》七十九年三月號

姓氏的來源和區分

問 「姓」、「氏」的來源與區分爲何？「因生地而氏，因封地而姓」與「因生地而姓，因封地而氏」，那個說法正確？《左傳．隱公八年》的說詞，以及所謂「聖人吹律定姓」的說法可信嗎？（臺南讀者．王穎）

答 **臺灣師大國文系教授劉正浩**：姓氏制度的建立，不知起源於何時，《國語．晉語四》載：「黃帝二十五子，得姓者十四人，爲姬、酉、祁、己、滕、箴、任、荀、僖、姞、儇、依，凡十二姓。」又〈周語下〉載：「堯賜禹姓姒，氏夏；又賜四嶽（官名，佐禹有功）姓姜，氏呂。」都是最早的紀錄。由此可知，姓氏本是上古帝王分封

■黃帝

諸侯時賜給諸侯的。

有關賜姓的方法，如黃帝生長成功於姬水，故姓姬；炎帝成於姜水，故姓姜（見《晉語四》），是因其生地命定的。又如禹姓姒，因其始祖昌意是母親吃了薏苡而生的；商王姓子，因其始祖契是他

解惑篇

母親吞下玄鳥子（燕子卵）而生的（見《白虎通．姓名》），是以與其始祖出生有關的事物命定的。可見《左傳．隱公八年》論姓氏的說詞，是信而有徵的；所謂「因生地而姓」，較近事實。

至於《白虎通．姓名》：「古者聖人吹律定姓」的說法，出於《易緯．是類謀》，這個說法既難理解，也無證驗，王符在《潛夫論．志氏姓》早有疑詞，恐不可信。

談到氏，「因封地而氏」的一說，較爲可取；但《史記．秦本紀》贊：「秦：先爲嬴姓，其後分封，以國爲姓（按：姓，當作氏），有徐氏、郯氏、莒氏、終黎（《世本》作鍾離）氏、運奄氏、菟裘氏、將梁氏、黃氏、江氏、脩魚氏、白冥氏、蜚廉氏、秦氏。」就中秦爲氏，徐、郯、莒、黃、江爲國，鍾黎、菟裘爲邑，蜚廉爲人名，實不盡「以國爲姓（氏）」；所謂「封地」，只可包含國、邑兩項，未能概括其餘。命氏的方式，鄭樵《通志．氏族略》歸納爲三十二類之多。

大致說來，姓是對一個大家族的總稱號；而一姓可分成若干氏，氏是對這個家族各個分支的稱號。古代聖王用姓來統繫百世，使各支族的人知道彼此同出一源，維持宗族的團結；而且同姓不婚，也可以維持種族的健康。氏則用以表彰各支族始祖的功德，使其子孫知所宗仰，努力向善。

姓氏制度，入周以後，又與當代的宗法制度相結合，除了天子賜姓氏給諸侯，諸侯也可以賜「族」給有功的大夫，使這制度枝佈葉分，更形緜密。可是古代大抵通稱大夫的族爲氏，所以現今言氏，一般也包括族在內。如有興趣，可參閱拙作《氏族制度考源》，載師大國文系印行的《國文學報》十一期。

——摘錄自《國文天地》七十七年十一月號

古代女子之命名

問

古書所載女子名有謂：文姜、武姜、宣姜、驪姬、虞姬、西施、鄭袖、顏徵在、太姒……等，究竟姓與名如何安置？又古代女子命名原則為何？婚前婚後是否有不同？生前與死後是否有不同？（基隆讀者．韓盈盈）

答

臺灣師大國文系教授劉正浩：古代女子姓名組合的方式，春秋以前與春秋以後，有很大的不同。

上古以及春秋，最初採用姓下加名的方式，與今世無異，例如：

嫘祖　簡狄　姜嫄

但入周以後，未婚女子多在姓（不包括氏、族在內）上冠以「伯」（或「孟」；嫡長用伯，庶長用孟）、「仲」、「叔」、「季」等字。這幾個字表示她們的排行，也用作她們的表字（別名）。例如：

伯姬　孟姜　仲子　叔隗　季隗

■姜源（見《列女傳》）

或在姓上冠以她們的名。例如：

妲己　妺喜

有時在「字＋姓」的名稱下加上名，名下又或加「母」或「女」字表示性別。例如：

孟姬牙　孟妊車母　中（仲）姞義母

有時又省去其字，或只在名下加一「母」或「女」字。例如：

姬原母　壽母　帛女

至於已婚的女子，或在姓上冠以自家的氏或族。例如：

驪姬　秦嬴　子叔姬　雍姞

或在「字＋姓」的名稱上冠以所適的國名。例如：

江女　蘇女　（小）戎子（晉獻公妃。稱小戎，以別於大戎狐姬。）

對於王后或諸侯的夫人，也可在其姓下加一「氏」字爲稱，氏可視作敬詞。例如：

媿氏（周襄王后）　嬀氏　姜氏

文化常識

女子死後，在姓上冠以配偶或本人的謚號爲稱。例如：

武姜（鄭武公夫人）　宣姜（衞宣公妃）　聲子（魯惠公妃）

文姜（魯桓公夫人）

至於季歷妃太任，周文王妻太姒，姓上所冠的「太」字，可能是周武王上給祖母、母親的尊號，常人未見使用。

春秋以後，女子姓名的組合，漸與男子合流，亦於名字之上冠以姓氏。如顏徵在、西施、鄭袖，皆於氏下加名而成。秦滅六國以後，姓、氏、族逐漸合而爲一，至漢則通謂之姓，所以「虞姬」這位女子，《漢書》說她「姓虞氏」，《史記》說她「名虞」，姬是女子的美稱，那麼這稱呼便是姓虞的女士或名叫虞的女士之意；並不是姓虞名姬，也不是在姬姓上冠以虞氏。

——摘錄自《國文天地》七十八年三月號

廟號與謚號

問 廟號和謚號的定義爲何？能否以事例明之。

（臺北讀者．潘美珠）

答 **考試院考試委員周何**：廟號與謚號，在我國歷史上確實相當混淆，不容易分清楚，限於篇幅，無法作詳盡的說明。只能簡答如下：

廟號必然與宗廟制度有關，宗廟源起於殷商，卜辭中有「中宗」之名，應該就是祖乙的廟號。但宗廟之有完整的定制則在周代，周代天子諸侯死後，如果其子嗣位，即可奉主入廟。當時可能就以謚號直接稱其廟號，並沒有其他廟號的記載。到了西漢，皇帝有生前爲自己立廟者，因此有特別美稱的廟號，不過恐怕很少有人知道。《漢書．文帝紀》：「四年冬作顧成廟」，《注》引如淳曰：「身存而爲廟，若尙書之顧命也。景帝廟號德陽，武帝廟號龍淵，昭帝廟號徘徊，宣帝廟號樂遊，元帝廟號長壽，成帝廟號陽池。」至於孝文、孝景、孝武、孝昭、孝宣、孝元、孝成等稱謂，則都是這些皇帝死後的謚號。這些皇帝死後，有子嗣位奉主入廟，其廟號則又同於謚號。東漢以後，才於謚號之外另立廟號。如《後漢書．光武帝紀》：「世祖光武皇帝」，《注》曰：「禮、祖有功而宗有德，光武中葉興，故廟稱世祖。」光武是謚號，而世祖則是廟號。自此以下，明帝廟號顯宗，章帝廟號肅宗，安帝廟號恭宗等是也。所以《舊唐書．禮儀志》說：「自光武以下，皆有廟號。」於是歷代相沿，成爲定制。

謚號也是起於周代，不過西周初期有生號，死後也就沿用而爲謚號者，銅器銘文中可以得到證明。中葉以後才有死後制謚的事實。《禮記．檀弓》：「死謚，周道也。」孔《疏》曰：「殷以上有生號，仍爲死後之稱，周則死後別立謚。」應該說是西周中葉以後才

解惑篇

比較正確些。《說文》：「謚，行之迹也。」累積其生前事迹立爲謚號，含有勸善勵德的意義。所以謚號也者，應該是死後才有的。秦始皇帝認爲：「如此則子議父，臣議君也，甚無謂，朕弗取焉，自今已來除謚法」，不過漢興又再恢復，後世相沿成制。至於謚號的含意，可以參看《逸周書．謚法篇》。謚號的字數多少，歷代不同，少則一、二字，多者有二十多字者。茲以清代諸帝的年號、廟號、謚號列表如下，以爲參考：

年號	廟號	謚號
順治	世祖	體天隆運定統建極英睿欽文顯武大德弘功至仁純孝章皇帝
康熙	聖祖	合天弘運文武睿哲恭儉寬裕孝敬誠信功德大成仁皇帝
雍正	世宗	敬天昌運建中表正文武英明寬仁信毅睿聖大孝至誠憲皇帝
乾隆	高宗	法天隆運至誠先覺體元立極敷文奮武欽明孝慈神聖純皇帝
嘉慶	仁宗	受天興運敷化綏猷崇文經武孝恭勤儉端敏英哲睿皇帝

道光	宣宗	效天符運立中體正至文聖武智勇仁慈儉勤孝敏寬定成皇帝
咸豐	文宗	協天翊運執中垂謨懋德振武聖孝淵恭端仁寬敏顯皇帝
同治	穆宗	繼天開運受中居正保大定功聖智誠孝信敏恭寬毅皇帝
光緒	德宗	同天崇運大中至正經文緯武仁孝睿智端儉寬勤景皇帝

——摘錄自《國文天地》八十年七月號

中國古代的「避君諱」

問 中國自古有三種避諱，其中「避君諱」最嚴重的是那一朝？到何種程度？（臺北讀者．陳爾惠）

答 **東吳大學中研所教授劉兆祐**：我想這位讀者先生所指的「嚴重」，應該是「嚴苛」的意思。歷代避諱，規定最苛、施行最嚴的，應屬宋朝。說宋朝在避諱方面最嚴苛，可以從兩方面來說：

先說其規定之苛。一般避諱，只避帝王的名諱，對「嫌名」和「已祧之諱」是不避的。《禮記》（卷一）〈曲禮〉（上）說：「禮不諱嫌名」，什麼是「嫌名」呢？鄭玄〈注〉說：「嫌名，謂音聲相近，若『禹』與『雨』，『丘』與『區』也。」也就是說，只避帝王名諱的本字，與其名諱音聲相近的字，則可以不避。但是宋代則「嫌名」也要避。而中國文字，同音或音近字又多，所以要避諱的字自然就多了起來。例如宋太祖名匡胤，依規定要避諱的字有匡、筐、邼、眶、恇、劻、洭、𩬅、𨁈、蛆、䓥、軭、𩑶、眶、框、𨵊、朣、迋、軖、胤、酳、靷、螾、引、朄、鈏、軸、酳、戭、滑、演、軸、戭、延、杓、螾、衍等三十七字。其中避諱字最多的是南宋高宗。高宗名構，要避諱的字有構、遘、媾、覯、購、嗀、𥐥、篝、傋、搆、冓、篝、篝、韝、篝、姤、詬、逅、骺、賕、呴、鴝、句、軥、怐、佝、雊、朐、鉤、詢、袧、岣、瓳、玽、轂、觳、轂、觳、瞉、搆、㲉、𣫄、㲉、㪉、瞉、彀、穀、怐、鸜、購、㚼、瞉、頊、瞉、霿等五十四字之多。洪邁《容齋隨筆》說當時廟諱有五十字者，一點都不誇張。

什麼是「已祧之諱」呢？《禮記．王制》說：「天子七廟，三昭三穆，與太祖之廟而七。」以太祖爲不祧之祖。祧，是遠祖之廟，也就是說，除了太祖外，其他祖先七世以外，則遷其主於祧。已遷於祧之君王名諱，則可以不避。但是宋代則已祧之主，仍須避其名諱。北宋、南宋共十八朝，每一個皇帝應避諱的字，少則五、六字，多則五十餘字，越是到了後來，要避的越來越多，多得記不清楚，這是宋代避諱被指爲苛的主要原因。

其次談其嚴。宋代規定，政府公文書，於宋代歷朝帝王名諱均

■漢武帝像

■趙匡胤像

須改避他字，否則受到處罰。至於考試，如果一不小心於帝王名諱不迴避，則不予評分。洪邁《容齋隨筆．三筆》說：「本朝尚文之習大盛，故禮官討論，每欲其多，廟諱遂有五十字者。舉場試卷，小涉疑似，士人輒不敢用，一或犯之，往往暗行黜落。」《宋史》（卷三九五）〈樓鑰傳〉說：「隆興元年試南宮，有司偉其辭藝，欲以冠多士。策偶犯舊諱，知貢舉洪遵奏，得旨，以冠末等。」這種因一時疏忽，就遭到落第或降名次的處罰，是被指爲嚴的主要原因。

——摘錄自《國文天地》八十一年二月號

對國家元首的稱謂和擡頭

問

茲就書面及聯對上有關於對國家元首稱謂，及書寫時擡頭或空一格的疑問就教，敬請釋示，以解疑惑。（臺北讀者・潘繼伯）

答

高雄師院國文系教授史墨卿：你的問題，指涉到三方面：

一、**擡頭方面**：擡頭計有五種，即挪擡、平擡、單擡、雙擡、三擡。五者皆所以示敬，然以尊敬程度言，三擡最重，雙擡次之，單擡又次之，依次遞減。但目下前二者通行，後三者已少有人用。

所言空一格寫，即所謂「挪擡」是也。挪擡應在說尊敬者之人和事之前，如 國父、 總統、 閣府、 大著等，其上均應挪擡示敬。因此，如寫 國父或 國父孫中山先生，均應在 國父二字上空一格，蓋　國父與孫中山先生實指一人故也。但如寫總統　蔣公，或總統　蔣先生，或其上加一「先」字等，因時至今日，已有兩位蔣故總統，語意不夠明確，是以應書先總統　蔣中正先生，或故總統　蔣經國先生……。至於挪擡在職稱之上，或姓名之上，二者比較以觀，雖以後者為多，但如稱用前者，亦無不可。

二、**稱謂方面**：書寫稱謂示敬之方式，除上述擡頭外，尚有以下三種：

㈠為先書其姓名，再寫其職稱或稱謂。如張某某先生，或李某某校長，王某某老師……。

㈡為先書其姓氏，再寫其職稱或稱謂。如張先生某某，李校長某某，王老師某某……。

㈢為先書其姓氏，再寫其職稱或稱謂，另加「先生」二字。如李校長某某先生，王老師某某先生等。

三者之中，以第一種最普通；第二種較尊重，第三種最尊敬。吾人對　國父或一國元首之總統，自應以最尊敬之方式行之為宜。

但如書寫總統採第二種方式，或僅書姓氏不加職稱，如李總統亦無不當，尤以民主時代爲然。

三、**聯語方面**：聯語亦稱對聯，故對偶爲其必要之條件。一聯之中，除了聲律相對，詞性相對外，上下兩聯要相對，聯分爲句，要句句相對，句分爲辭、字，要辭字相對。是以對聯書寫以不挪擡爲宜，所見甚是。若必要挪擡，亦須注意相對才好。

——摘錄自《國文天地》七十七年五月號

華誕、壽誕的區別

問 國中應用文上有男人生日稱「華誕」，女人生日稱「壽誕」，不知何故？（臺北讀者・徐仁書）

答 **臺灣師大張仁青博士**：「華誕」也可以寫作「華旦」，是對他人生日的美稱，就是「光輝的生日」。其詞始見於明代史謹的《獨醉亭集》中〈壽述夫次韻詩〉：「螺杯獻酒逢華誕，鶴髮同筵敍舊情。」祝壽的風氣，到淸代才開始盛行，數百年來，世人多習稱男人生日爲華誕，婦女生日爲壽誕，這大概是受了專制時代男尊女卑的錯誤觀念的影響，就如同男人死亡稱「壽終正寢」，婦女死亡稱「壽終內寢」一樣的毫無意義。我認爲在這個男女平等的時代，我們不應該再保留這種落伍的觀念。

——摘錄自《國文天地》七十七年元月號

「薄海」宜用在哀悼詞中嗎？

問 日前路過市區，某大學城區部，見其校園牆壁上學生社團貼有紀念故總統　蔣先生逝世海報，其中之一，書有「薄海同哀」四字之文句，一時頗覺刺眼，但亦說不出其不合的地方，煩請予以指正！

（臺北讀者．王鳳曲）

答 **政治大學中文系教授李振興**：「薄海同哀」一語，在典籍中未見所載，不過「薄海」一詞倒有出處：

《尚書．皋陶謨》（今《十三經疏本》屬益稷）說：「外薄四海，咸建五長。」注：「薄，迫也。」疏：「薄者，逼近之義，外迫四海，言從京師而至於四海也。」後人將「外薄四海」濃縮為「薄海」，而予以靈活的運用，如《宋史．樂志》：「薄海朝貢」，就是一例。文人展翰，也往往援用，如元人范梈詩：「酒酣點筆賦新句，薄海傳誦令人驚。」清人陸世儀詩：「敷天猶有淚，薄海但聞歌。」如逢國家慶典，我們也常會看到「欣逢國慶，薄海歡騰」的標語。

從以上援用的例子看來，「薄海」一詞，似乎是多用在喜慶祝賀的場合，很少用來悼念國家元首之喪的，如表示哀悼的話，也多半是「如喪考妣」、「舉國哀悼」之類。至於某大學學生社團海報中的「薄海同哀」一語，很可能是出於學生的一時感懷。

——摘錄自《國文天地》七十七年五月號

「啓」、「收」的用法

問 信封上，「啓」、「收」字的正確用法如何？是否任何信封都可用「收」字，還是只有明信片才可用「收」字？（嘉義讀者・鄭銘欽）

答 中央大學中文系副教授顏崑陽：「啓」字的意思是「展開」；「展開」相對於「封緘」而來，也就是有「封」才有「啓」。因此，「啓」字都用在有封緘的郵件上。明信片既無封緘，也就不適用「啓」，故一般都用「收」字。「收」字的意思是「接取」，只要人家寄給你某樣物件，你產生「接取」的行爲，便可謂「收」了；不管「收」的是明信片、包裹或有封緘的信件。因此，「收」字相當廣義，可用在任何郵件上。假如，不講究那麼精確，任何郵件，在收信人下面用個「收」字，大致並沒錯。不過，如果講究精確些，有封緘的郵件，何不用「啓」字呢？

——摘錄自《國文天地》七十六年九月號

啓封詞用法

問 本人由於所從事的工作，與應用文有關，然因社會上一般人對某些詞句的用法，往往積非成是，今有左列問題就教：

一、「敬啓」二字可否用在信封上如「×××先生敬啓」，「××公司敬啓」等等，如不可用，理由安在？

二、寫信給師長時，一般應用文的書本上均謂信封上的師長名字，字體略小偏右，如「×老師××道啓」，然而卻有人寫成「×老師××道啓」，吾人百思不解此種用法的典故何在？（讀者・王月香）

答

政治大學中文系教授黃志民：信封中欄最下端的「○啓」叫「啓封詞」，是對受信人說的。「啓」是開的意思，「啓」上的另一字是修飾「啓」字的，如「安啓」是「請您安泰地（平安地）開啓」，「道啓」是「您這有道之士來開啓」，如果用「敬啓」，豈不成了「請您恭敬地開啓」，那不但不對，而且沒有禮貌。

中偏右略小的字體書寫，叫做「側書」，是以「不敢直呼」表示對受信人的尊敬。「姓」、「稱呼」、「啓封詞」沒有不可直呼的，所以都不必側書，唯有對方名或字號方才不可直呼而可使用「側書」的方式來表達。但此一方式的使用，僅在依「姓、稱呼（職位的）、名（或字號）」的順序組合時，其餘情況並不適用。如「王主任大德　鈞啓」，不可作「王大德主任　鈞啓」；「王大德先生　大啓」，不可作「王先生大德　大啓」，或「王大德先生　大啓」。

——摘錄自《國文天地》七十七年元月號

「敬啓者」用在明信片上妥當嗎？

問 明信片不必啓，是否不應用「敬啓者」，那麼該用哪個詞爲妥？

（桃園讀者・張玉瑛）

答 臺灣師大國文系教授沈秋雄：書信封面所用的「鈞啓」、「大啓」、「台啓」等「啓」，是「開」的意思；書信本文開頭所用的「敬啓者」，屬啓事敬辭，其中的「啓」字是「陳述」的意思。明信片不須開啓，故正面收信人的姓名下面不可用「鈞啓」、「大啓」、「台啓」等字樣；至於書信本文的啓事敬辭，照樣可用「敬啓者」、「謹啓者」、「茲啓者」等語，因爲這裡的「啓」字都是「陳述」的意思，並無違礙不通之處。

——摘錄自《國文天地》七十五年九月號

「均鑒」、「鈞鑒」如何分別？

問

《中國時報》八十一年十月二日創刊四十周年時，蒙李總統親致賀詞，全文影印製版，登在該報第一（要聞）版上，總統用牋的第一句是這樣寫的：「余董事長紀忠並請轉中國時報全體同仁均鑒：」。

一般書札用語中，常見「鈞鑒」一詞，罕見「均鑒」。查「鈞」乃古衡名，三十斤也。如《孟子．告子》：「今曰舉百鈞」，因借爲尊稱之詞，今書札中所稱鈞鑒、鈞安、鈞座、鈞啓，皆對人言也。

再查李雪峯先生編著，東方出版社民國六十八年九月十一版的《實用書信大全》頁三四五、三四六，附錄甲，各種習用語，一、書

解惑篇

奉語，在普通戚友之長輩及政界二條下，都列有「鈞鑒」一詞。

再查諸橋轍次著的《大漢和辭典》卷三，頁二四二二，有「均鑒」一條，解釋爲書翰文用語，二名以上の人夕に宛てた時に用ひゐ。御中。（《辭源》中把「均」解作「同」）。

《實用書信大全》頁三四六，在團體、機關條下，有「公鑒」一詞。

由上所述，可知鈞鑒是用於長輩，而均鑒與公鑒應是用在機關團體的書奉語，不知此說法是否正確？（基隆讀者．王輔羊）

答

臺灣師大國文系教授黎建寰：「均鑒」和「鈞鑒」兩辭，在現在的書信中，習慣上稱爲「提稱語」，又可稱爲「知照敬辭」。主要的作用，是恭敬的請受信人察閱，也可以表示彼此的輩分和關係。因此，「提稱語」就分爲對長輩、對平輩、對晚輩三類；各類中由於對象不同，因此也有各種不同的「提稱語」。在書信中是不能不注意的。

「均鑒」和「鈞鑒」兩種「提稱語」，用法是有不同：「鈞鑒」是對尊長的「提稱語」，多半用在對長輩、長官；要是客氣些，對平輩的軍、政界朋友，也可以用「鈞鑒」；「均鑒」這一「提稱語」，少見於中國的書信，日本《漢和大辭典》載有「均鑒」一辭，這是日本漢語古文書信的用語，在現代的日文書信，已經不使用了。《漢和大辭典》的解釋，是在給兩人以上的公開書信，「提稱語」可以用「均鑒」或「御中」。

「均」和「鈞」兩字，在中國古文中，由於是同音字，是可以通用的；像是《孟子．告子》曰：「鈞是人也。」用的不是「均」字，卻是「鈞」字；宋朝丁度等人編的《集韻》也說：「均，通作鈞。」這是兩字可以通用的明證。但是，在書信的「提稱語」中，迥然不同，是不能混用的。

古代的時候，帝王地位不同，在書信中的習慣用語，多半是對下的口氣；現在是民主時代，總統的地位雖然崇高，在書信的用語，卻是客氣、謙下的居多。因此，也會用到對長輩、對平輩的習

解惑篇

慣用語。像是國父　孫中山先生派邵元沖代唁李烈鈞父喪函中，就稱：「協和先生禮次」；先總統　蔣公致吳稚暉先生祝壽函中，也稱：「稚老先生道鑒」。這都是尊敬社會人士的表現，表達了平等、民主的氣度。

書信主要的目的，是在溝通彼此的心意；所以，所有的書信用語，似乎是越常用的越能溝通情意，最好是用大家都明白的用語，也要避免用一些引起爭論的用語。對公衆的書信，「提稱語」可以用惠鑒、雅鑒等，在用語上，相當的多，並不至於匱乏。至於用一些外來的、自己國內卻少用的辭彙，以國家元首的地位和影響來說，似乎是不太恰當。

——摘錄自《國文天地》八十一年二月號

「足下」與「閣下」的區分

問

「閣下」與「足下」都是對別人的敬稱，其間的區別，老師的解釋不甚清楚，能否給我一個滿意的答覆？（高雄讀者．區仲仁）

答

中興大學中文系教授胡楚生：「閣下」與「足下」，都是稱呼別人的敬詞，但是，在起源上，卻稍有不同。《漢書．高帝紀》說：「大王陛下。」注：「應劭曰：陛者，升堂之陛，王者必有執兵陳於階陛之側，羣臣與至尊言，不敢指斥，故呼在陛下者而告之，因卑以達尊之意也，若今稱殿下、閣下、侍者、執事，皆此類也。」因此，「閣下」的本意，是指侍立在臺閣之下的執事者，由於稱呼時不敢直斥尊者之名，故以「閣下」爲尊者的代稱。

《事物紀源》姓諱部引《異苑》說：「介之推逃祿，抱樹而死，（晉）文公拊木哀嗟，伐而製屐，每懷其功，俯視其屐曰，悲乎足下，足下之稱，當緣此爾。」「足下」用作敬詞，戰國秦漢之際，已頗流行，像樂毅稱呼燕王、酈食其稱呼沛公劉邦，都是例子。

後世通行的用法，比較上，「閣下」多施於有爵位者，「足下」多施於親暱之交。至於今日，友朋之間，「閣下」與「足下」，則已經泛稱使用而無甚區別了。

——摘錄自《國文天地》七十四年十一月號

「足下」、「閣下」可否用來稱呼女性？

問 「足下」、「閣下」可否用在書信中男性對女性語體的稱呼（指同輩的敬稱）？如果不能使用，有否替代的語彙？如有，同輩男性對女性同事，年長男性同事對年輕女性同事、年輕男性對年長女性同事，他們的敬稱代用語各是什麼？反之又如何？（臺中讀者．龔超）

答 **臺灣師大國文系教授黎建寰**：一、「足下」是由晉文公和介之推的故事演變而來，現今是對同輩的敬稱。

二、「閣下」是對尊貴人士的尊稱，用在一般書信上也可以用作對人的敬稱。

三、「足下」、「閣下」不宜用在對女性的稱呼。

四、古代書信，男性女性中，除關係親近的親戚外，很少有書信往返，因此很少有範例可循，一般稱「你」可為：

㈠對關係親近的親戚，可用輩分中有關的稱謂取代。

㈡一般古文書信，並無「你」的稱謂，可直接書寫事情類別，係是：

對長輩：「久違　慈訓」、「睽違　懿範」、「每憶　慈暉」。

對平輩：「未晤　蘭儀」、「恭迓　旛軒」。

對晚輩：「未睹芳容」、「未見玉容」。

以上的稱呼，大概都是事物再加上閨閣專用的形容詞，就可以取代指稱詞的「你」了。

㈢一般白話書信可以直接稱為「你」或「您」。

——摘錄自《國文天地》八十一年四月號

「察收」?「查收」?

問 是「察收」?還是「查收」?
（基隆讀者·王輔羊）

答 建國中學國文教師楊鴻銘：《說文》：「察，覆審也。」查，《正字通》作「考察」解。察、查二字，組成語詞之後雖然意思各異，但古來即有混用之例，如「查勘」：「有司查勘。」（《續文獻通考·征榷考》）、「察堪」：「一則草料喂養，勤行察勘。」（《福惠全書·郵政部總理》）；又如「查覈」：「按月查明，按季報部，以憑查覈。」（《續文獻通考·錢幣一》），「察覈」：「用印文，聲明緣由，送回刑部，察覈定義。」（《會典事例·大理寺讞獄會覈》）等例，均有此種情形。

——摘錄自《國文天地》七十八年十二月號

「惠請」多予利用？

問 頃閱某大機構之公函一紙，內赫然有「惠請多予利用」一語，請問何以使用「惠請」一詞？（臺北讀者・熊琗脩）

答 **東吳大學中文系副教授王偉勇**：在應用文術語中，我們常見有「惠示」、「惠書」、「惠臨」、「惠鑒」、「請惠復」等用語，其中「惠」字，均可解作「賜予」，所以我們也常逕用「惠賜」以行文。如「惠示」，即「賜予指示」；「惠音」即「賜予音訊」；「請惠復」即「請賜予答覆」，意思均甚清晰。

至於「惠請多予利用」一語，實難循上例予以解釋。若能改用「請惠予多加利用」，則意思甚明白，我想用者之意，也是如此。

但許多機關行文偏好用「惠請」一詞，想是不明所以，相互因襲，致成習慣，而以訛傳訛了。

當然，翻閱辭書（如《中文大辭典》第四冊一三八頁），「惠」字仍有其他解釋，如《爾雅．釋詁》：「惠，順也」；《說文》：「惠，仁也，从心叀」；而「叀」字，即「小謹」之意，引申言之，惠亦有「謹」之意。如此，「惠請」一詞，似乎可解釋為「順請」或「謹請」。但這種解說，絕非一般用法，所以應用文中的「惠」字，仍以第一段解說為宜。而「惠請多予利用」一詞，亦宜改為「請惠予多加利用」，方稱恰當。當然，應用之際，還要在「惠」字上挪擡（即空一格），以示客氣。

——摘錄自《國文天地》七十九年二月號

治學方法篇

讀古文，從何下手？

問 陶潛〈自祭文〉中有：「惟此百年，夫人愛之，懼彼無成，愒日惜時，存爲世珍，沒亦見思」幾句，是講自己以外的人的態度嗎？

又研讀古文時，即使難字詞的注釋都很清楚，可是對於全文的主旨、結構，仍然不能掌握住，請問我該如何突破這一層障礙呢？有沒有這方面的書籍可利用？（桃園讀者．王小萍）

答 **臺大中文系講師王基倫**：陶文這六句話語意連貫，自成一個單元，主詞是「人」。據王力《古代漢語》的解釋：「百年，等於說一生。夫（fú），泛指衆人，等於說人人。愒（kài），貪。存，活著。珍，珍貴，這裡等於說重視。沒，死亡。」可見這幾句是講自己以外的人的心態。原文以下接著就說：「嗟我獨邁，曾是異茲。」這

解惑篇

說明了陶潛孤芳自潔的心懷，寧可踽踽獨行，也不與世俗苟合。顯然，陶潛有安貧守分、曠達知命的生活天地，與前述衆人汲汲營營的心態迥異。

研讀古文時，遇到類似的問題，往往是主旨、結構難以掌握的緣故，這似乎可從下列四方向著手：

一、首先你要明瞭每個字詞的意思，然後尋繹上下文，細察原文的脈絡；脈絡連貫的地方自成一段，不連貫的地方另行分段，段落分明後，文章的結構較易顯現。

二、主旨不明的情形，常是由於我們對作者的生活環境或思想言行不清楚，因此需要參考一些原典資料。以陶潛〈自祭文〉來說：《靖節先生集》內有陶潛〈挽歌詩〉、〈歸去來辭〉、〈桃花源記〉、〈五柳先生傳〉……等作品，這些作者的自述，有助於我們瞭解他的爲人、思想與心境。其次，廿五史有《宋書》、《晋書》、《南史》的〈隱逸傳〉，也記述了他的生活情形。再其次，《陶淵明詩文彙評》、《陶淵明研究資料彙編》也蒐羅許多後人對他的評論。這些資料，可幫助我們理出陶潛的思想觀念，進而找到本文的主旨。

三、近人有些詳盡的評注本，亦可供參考。如吳楚材、吳調侯《評註古文觀止》（華正）、林雲銘《古文析義》（廣文）、過商侯《古文評註全集》（宏業）、宋文蔚《文法津梁》（蘭臺）、高步瀛

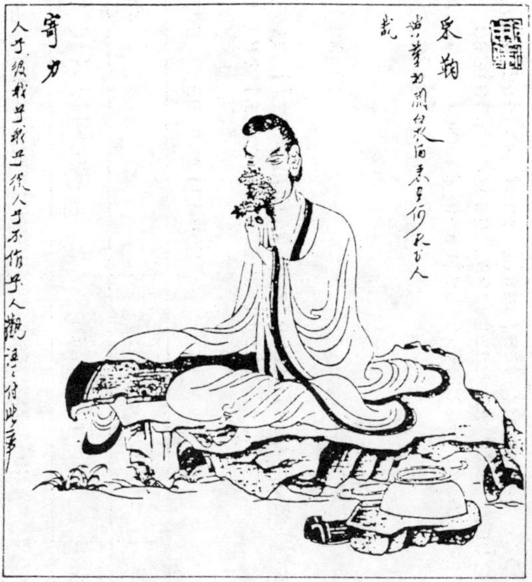

■采菊東籬下的陶潛

《唐宋文舉要》（藝文），以及商務印書館的《古籍今註今譯》、三民書局的《古書讀本》、國語日報社的《古今文選》……等書，常能在有意無意之間，透顯出原文的主旨與結構。

四、如果你還想更深入一點，探討文言文寫作的規則，藉此掌握每篇古文的主旨與結構的話，孫德謙《古書讀法略例》（商務）可先供參考。該書以條列的方式，舉例說明讀古文的方式，值得留意。此外，俞樾等著《古書疑義舉例五例》（長安）、楊樹達《古書句讀釋例》（商務）、譚全基《古代漢語基礎》（源流）也或多或少論及文言文的特性，可供進一步參考。不過，這恐怕要「無望其速成」，必須平日常常熟誦古文，加深文言文閱讀能力的涵養才行。

——摘錄自《國文天地》七十六年十一月號

怎樣學作文言文

問

文言文通行全國達數千年之久，我知道它有許多好處，也很想練習寫作，但不知要如何著手，能否指示途徑，以便遵循。（臺北讀者・曾昭明）

答

臺灣師大張仁青博士：根據我多年來的教學和寫作經驗，提出簡單而易行的方法，以供參考：

一、**背誦古文一百篇**　古人說：「熟讀唐詩三百首，不會作詩也會吟。」這正說明了背書的重要性，學詩如此，習文亦然。背書就是爲作文打基礎，正如同蓋房子必須先打地樁，學古箏必須先練指法，習書法必須先寫永字……一樣，最爲重要。你在中學時代已經背過五十篇文章了，其實只要再背五十篇即可。你可以按照自己的喜愛，在《昭明文選》、《古文觀止》、《續古文觀止》、《古今文選》四書中選取五十篇古文背誦。例如我少年時代所背的李陵〈答蘇武書〉、司馬遷〈報任少卿書〉、李康〈運命論〉、王勃〈滕王閣序〉、李白〈上韓荊州書〉、韓愈〈原道〉、柳宗元〈與韋中立書〉、蘇軾〈潮州韓文公廟碑〉、方孝孺〈深慮論〉、黃宗羲〈原君〉、孫嘉淦〈三習一弊疏〉、曾國藩〈聖哲畫像記〉等，都是往昔家絃戶誦的名篇，對我以後寫作的影響極大。

二、**養成閱讀古書的習慣**　古書浩如煙海，當然要加以選擇，我認爲應先從文字淺近而又富有趣味性的小品文和小說入手。例如朱劍心《晚明小品選注》（商務印書館）、羅貫中《三國演義》、蒲松齡《聊齋誌異》、沈復《浮生六記》、宋人《太平廣記》（文史哲出版社）等，都是淺顯通俗，明白如話，稍讀書者，類能解之。

三、**多看現代人用文言文所寫的學術著作和文藝作品**　古人的思想、情感和造句方法都和現代人不盡相同，因此現代人要想寫出唐宋古文八大家那種文章，不但不可能，抑且無此必要。前面提到背誦古文一百篇，不過是用來填充腹笥罷了，東坡嘗云：「腹有詩書氣自華」，其作用即在於此。至於眞正要動筆寫作，那就非從模擬當代名家著作不可。像梁啓超《飮冰室文集》（中華書局）、柳詒徵《中國文化史》（正中書局）、呂思勉《魏晋南北朝史》（開明書店），以至劉師培、蔡元培、王國維、陳寅恪、牟宗三、錢穆、熊十力……諸大師的全集或文集，均宜經常翻閱。文藝作品可看林紓、蘇曼殊所翻譯的西洋小說，和李漁叔的《魚千里齋隨筆》、《風簾客話》，高拜石的《南湖錄憶》等，沈潛旣久，濡染日深，一旦下筆，自然會感到筆頭花出，文思泉湧，而有左右逢源之樂。

四、寫作宜勤 初學者應勤事寫作，不可偸懶，若無題材，可以日記代之。梁之蕭綱，宋之蘇軾、陸游、楊萬里，明之楊愼，清李慈銘，均爲多產作家，生平幾於無一日不寫作，故能聲光煒然，歷久彌盛。尤其是李慈銘的《越縵堂日記》，被學術界譽爲日記之冠冕、述作之楷模。所以利用寫日記來訓練自己的文筆，應該可以收到立竿見影的功效。

——摘錄自《國文天地》七十五年五月號

近代傳統文學入門書目

問

近閱貴刊〈傳統文學式微了?〉一文，深深感受到傳統文學的重要。很想用點時間一探文學革命後傳統文學的究竟。除了上文外，不知尚有那些書可供參考?能否轉請陳慶煌老師指引門徑?（臺北讀者・于梅君）

答

淡江大學中文系教授陳慶煌：首先歡迎您加入搴拒傳統文學的行列。有關入門的參考書目：

在詩方面——可閱李猷前輩的《近代詩介》、《紅站樓詩話》（商務版）及汪中前輩的《六十年來之詩學》（此以下所列書皆輯入正中書局《六十年來之國學》第五册——文學之部——中）；

詞方面——可閱汪中前輩的《六十年來之詞學》；

曲方面——可閱賴橋本教授的《六十年來之曲學》；

古文方面——可閱莊雅州博士的《六十年來之古文》；

駢文方面——可閱張仁青博士的《六十年來之駢文》及《駢文學》（文史哲版）的當代作家部分。

拙作〈傳統文學式微了——文學革命以後的傳統文學〉，即彙集以上諸家的研究成果。今您能由此進而直參原典，相信獲益之深當可預期得到。

——摘錄自《國文天地》七十五年十二月號

《詩經》學的重要書目

問

《鄭玄詩譜》、陳奐《詩毛氏傳疏》，皆爲《詩經》學重要書目，請惠釋《詩譜》之演變及價値；《詩毛氏傳疏》之優劣及價値。（桃園讀者・張朝慶）

答

東吳大學中文系副教授林慶彰：鄭玄《詩譜》已亡佚，今可見者爲後人之輯本和後代學者以己意修補的本子。《詩譜》的性質，孔穎達《毛詩正義》曾說：「鄭於《三禮》、《論語》，爲之作序，此譜亦是序類，避子夏序名。」可見《詩譜》也是一種詩序。《詩譜》可能分爲詩譜序、譜說、詩圖三部分。其排列先後，首爲詩譜序，旨在闡明詩與政治興衰之關係。次爲譜說，計分周召、邶鄘衞、王、檜、鄭、

解惑篇

■鄭玄圖

齊、魏、唐、秦、陳、曹、豳、大小雅、周頌、魯頌、商頌等十六譜。各譜說先介紹各國的地理概況，再述各國的世系源流、朝政盛衰，並列舉重要詩篇。譜說後爲詩圖，將各詩分繫於各國君之下，以見著成時代之先後。《詩譜》的價值在於提供歷史資料，幫助讀者瞭解詩篇的歷史背景。但喜歡附會詩序，曲解詩義，是其缺點。

三國時代，吳人徐整作《毛詩譜暢》，爲鄭氏《詩譜》作注，旨在闡發鄭譜之義蘊。南朝時，另有太叔求（裘）和劉炫的注。各書今僅存輯本。至唐，孔穎達撰《毛詩正義》，將《詩譜》序採入卷首，譜說則散入風、雅、頌各標題之下，並分句疏釋。至於詩圖，因登載不便，遂從略。

此後，《詩譜》之傳本日稀，宋之《崇文總目》已不見著錄。宋仁宗慶曆四年（西元一○四四年），歐陽修在絳州得《詩譜》殘本：「其文有注，而不見名氏。然首尾殘缺，自周公致太平以上皆亡之。其圖譜旁行，尤易爲訛舛，悉皆顚倒錯亂，不可復序。」（《詩譜補亡後序》）因取前所作詩圖十四篇，以補鄭譜所亡佚者。「凡補譜十有五，補其文字二百七，增損塗乙改正者八百八十三。」（同前）歐陽氏補亡之次第，並未全依鄭氏之舊，將王風譜改列於豳譜之後。至南宋時，歐陽氏之十五圖已佚其三，周、魯、商三頌譜全佚，所存十二譜，也脫誤零亂。元時，許謙撰《詩集傳名物鈔》，附有自撰詩譜，與前人略有異同，明鍾惺對歐陽氏之補亡不甚滿意，有新刻《詩譜》一卷，收入《古名儒毛詩解十六種》中。然鍾氏考據不精，未能勝過歐陽氏。

清乾隆時，戴震著《毛鄭詩考正》，以爲《毛詩正義》所載詩譜已有脫漏，歐陽氏所定，既不與正義相契，又憑私臆改，多所增省，實不足採信，乃別立新譜。（戴氏之考訂，見於《毛鄭詩考正》之首卷，安徽叢書本有之，續經解本略去。）此後，輯佚和考訂《詩譜》者頗不乏其人，輯佚者有王謨的《鄭氏詩譜》一卷（《漢魏遺書鈔本》）、袁鈞的《詩譜》三卷（《鄭氏佚書本》）、孔廣林的《毛詩譜》一卷（《通德遺書所見錄本》）、李光廷的《詩譜》一卷（《榕園叢書甲集本》）、黃奭的《毛詩譜》一卷（《漢學堂叢書本》）、胡元儀的《毛詩譜》一卷（《皇清經解續編本》）。另輯徐整所注的有馬國翰的《毛詩譜暢》一卷（《玉函山房輯佚書本》）、王謨的《毛詩譜注》一卷。考訂者有吳騫的《詩譜補亡後訂》一卷、《拾遺》一卷（《拜經樓叢書本》）。吳騫則將許謙之譜抄成《許氏詩譜抄》一卷（《拜經樓叢書本》）、丁晏的《鄭氏詩譜考正》一卷（《邵武徐氏叢書本》、《花雨樓叢鈔本》、《頤志齋叢書本》、《六藝堂詩禮七編本》）、馬徵麐（馬林）的《毛詩鄭譜疏證》一卷（《馬鍾山遺書本》）。然鄭氏原譜散佚已久，後人之補苴，僅能求其近似，欲規復鄭氏之舊，恐非易事。另有馬徵麐的《四詩世次通譜》一卷（《馬鍾山遺書本》），內容不詳。不題撰人的《詩譜講義》一卷（江蘇存古學堂重印本），爲對鄭譜之申說，而尤詳於禮制。

民國以來就《詩譜》加以研究者，有夏敬觀的〈鄭康成詩譜平議〉（《藝文雜誌》一期，民國二十五年四月）、于維杰的〈鄭玄詩譜考正〉（《學粹》四卷三期，民國五十一年四月）、裴普賢的〈鄭玄詩譜圖表的綜合整理〉（《國立編譯館館刊》六卷二期，民國六十六年十二月）、趙制陽的〈鄭玄詩譜詩箋評介〉（《中華文化復興月刊》十三卷八期，民國六十九年八月）、江乾益的〈鄭康成毛詩譜探析〉（《中華文化復興月刊》十七卷六期，民國七十三年六月）等。裴氏之文用功甚深，於《詩譜》之演變也有述及，頗具參考價值。

陳奐《詩毛氏傳疏》三十卷爲有清漢學大盛時代之產物。陳氏以爲時人說詩，兼習毛鄭，實不明時代先後所致。蓋毛在三家詩之前，鄭在毛後四百餘年，且兼用韓、魯詩，爲例不純，非治經所應有。故陳氏專守《毛傳》一家之說，並篤信〈詩序〉，不雜韓、魯之說。馬瑞辰的《毛詩傳箋通釋》兼重毛、鄭，陳氏則專宗《毛傳》和〈詩序〉。此書可看出清代經學於反宋學之後，由東漢上溯西漢，直追先秦的演變軌迹。書中之疏釋，稍有訛誤。可參考《續修四庫全書提要》頁五一五，江翰所撰的〈提要〉。

——摘錄自《國文天地》七十五年五月號

怎樣選擇《中國文學史》

問 我是一名日文教師，最近想瞭解一下有關中國文學的狀況，市面上文學史的書很多，請問初學者應如何選擇？（臺南讀者・陳大翔）

答 **清華大學中語系副教授呂正惠**：初學可以參考以下幾本書：

胡雲翼《中國文學史》（漢京出版公司）篇幅不多，簡明扼要，初學者可於短期間瞭解中國文學之一般概況。惟此書受新文學運動影響，對於作品較艱澀之文學家頗有貶抑。

劉大杰《中國文學發達史》（華正書局）敍述、評論均極詳盡，以流暢之白話文寫成，亦便初學。但篇幅極多（一千多頁），不易終卷，可採抽讀方式。此書重視社會性較强之文學，對於個人性及唯美性的作品均有微辭。

葉慶炳先生《中國文學史》（學生書局）爲大學中文系之教本，採錄許多一手資料（史書中的文學家傳記、詩話、詞話的評論等），一般人不易閱讀。但如欲進一步進修，則爲不可少之參考書。

連秀華、何寄澎合譯之《中國文學史》（長安出版社），爲日本多位學者之集體創作，以論述爲主，多從社會學角度探討中國文學之發展，亦是進一步閱讀之極佳參考書。

——摘錄自《國文天地》七十四年八月號

查閱古文疑難的辭書

問

我需要一本辭書，主要能提供閱讀古文時查閱，並能兼供閱讀書報文章查閱難字之用，請問市面上有那些較好的辭書可供選擇？（讀者・吳岳威）

答

《國文天地》編輯部：閱讀中國古籍時，有那些辭書能幫忙解決疑難問題？讀者有三種大略的選擇方向：

一、**以中國古代文史典籍爲主要收詞範圍**，如：

《文史辭源》四冊　天成出版社

大陸版《辭源》一冊　遠流出版公司

修訂本《辭源》四冊　商務印書館

新版《辭海》三冊　中華書局

二、**收錄新詞較多者**，如：

《大辭典》三冊　三民書局

《新辭典》一冊　三民書局

三、**適合文史學界專業使用**，如：

《中文大辭典》十冊　中國文化大學

《漢語大字典》八卷　湖北辭書出版社、四川辭書出版社

《漢語大辭典》十二卷　上海辭書出版社

按：「字典」以解釋漢字的形音義爲主，如《漢語大字典》即收錄了五萬六千餘字；「辭典」則以詞目的解釋爲主，如《漢語大辭典》即收錄三十七萬條詞目。讀者可以衡量需要，自行斟酌選用。

——摘錄自《國文天地》八十年四月號

那本成語工具書較實用？

問 目前坊間介紹成語用法之工具書多半錯誤很多，能否提供一本較值得參考的成語工具書？（臺北讀者．劉奕成）

答 **淡江大學中文系教授莊雅州**：目前坊間出版的成語辭典不下數十百種，其中最詳備可靠的莫過於繆天華教授主編的《成語典》（復興書局出版），所採摭的經典語、詩詞語、戲曲小說語、熟語、俗語等多達一萬二千條，一般常用的成語大概都可在此書查到。另外，顏崑陽、龔鵬程教授主編的《實用成語辭典》（故鄉出版社印行），分正、續兩篇，所錄成語雖較少，但每修除注釋、出處外，還有注意、用法及例句，對一般讀者而言，更爲實用。

解惑篇

——摘錄自《國文天地》七十七年三月號

答

靜宜大學中文系副教授孔仲溫：誠如讀者劉先生來函所稱，目前流傳坊間關於成語用法的工具書，多半是錯誤很多的。但成語辭典的編纂，就如同一般辭典的編纂一樣，能夠將資料嚴密正確的查覈統理，就已經不容易了，更何況要進一步的談論「用法」，這必然是難上加難的事。於此，個人僅就目光所及，介紹兩本成語工具書，以供劉先生參考。

其一，是由師大繆天華教授主編的《成語典》，復興書局，民國六十年初版。該書是將古籍中的經典語、詩詞語、戲典小說語、熟語、俗語等，一一加以收錄，達一萬二千餘條，按部首筆畫編次排比，語彙是以淺近文言解釋，並注明出處，遇有特殊字音的字，則以注音符號注明。論其資料是相當豐富完備，但是沒有詳細地說明用法，同時文辭也較深奧，是比較不容易讓中小學生理解的。

其次，是由中央大學顏崑陽教授與淡江大學龔鵬程教授合編的

《實用成語辭典》，故鄉出版社，民國七十年初版。這部成語辭典著重點在「實用」，所以在資料的蒐羅，並不主張完備，但求深淺適中，而敍述的文字，也講究流暢淺近。全書體例，明晰而嚴謹，也是以部首筆畫統攝所有的語彙，每條語彙均以注音符號注音，其下再分成注釋、出處、用法、例句四個部分，逐一說明，可讓讀者充分地瞭解該語彙的音義、來源、性質，及使用的範圍，頗適合中小學生及一般民衆參考。

——摘錄自《國文天地》七十七年四月號

培養查原典的習慣

問

祖逖，字爲何？本人查了辭典，共有下列結果：《辭源》、《辭海》、《當代國語辭典》，均作士雅；而《中文大辭典》、《重編國語辭典》、《大林國語辭典》、商務《人名辭典》、三民《大辭典》，均作士稚。何者爲對？

「笠澤——越子伐吳，吳子禦之笠澤」出自何處？共有下列結果：《辭源》、《辭海》、《重編國語辭典》、《中文大辭典》，均作《左傳・襄公十六年》，而三民《大辭典》、《大漢和辭典》則作《左傳・哀公十七年》，《康熙字典》作《左傳・哀公十六年》，何者爲對？（草屯讀者・李健男）

治學方法

答

臺灣師大國文系教授黃慶萱：李先生爲了祖逖之字及「笠澤」一詞之出處，能遍查各辭書，求知精神，深堪敬佩。我建議李先生能進一步培養覆查原典的習慣，自己從《晉書》卷六十二、《左傳注疏》卷六十尋覓答案。

——摘錄自《國文天地》七十五年八月號

同義詞的辭典有那些？

問 坊間是否有歸納同義詞語（如包舉、囊括、席捲同屬一義；濫觴、權輿、發軔是一義等）之辭典？（新竹讀者．麥秀寶）

答 **淡江大學中文系副教授莊雅州**：所謂同義詞，就是意義相同或相近的詞。早在兩千多年前，我國現存最早的一部字書——《爾雅》，即按意義分篇，再聚集同義詞編排而成。漢代揚雄的《方言》、劉熙的《釋名》，在體例上也大同小異。所不同者，《方言》旨在記錄各地的方言，《釋名》企圖探尋每一個字最初命名的原因而已。

不過，自從東漢許愼的《說文解字》問世之後，以字形偏旁排列的字書即逐漸成爲我國字典的主流，隋陸法言按音編排的《切韻》，也爲韻書的蓬勃發展奠立了良好的基礎。相形之下，《爾雅》派的字書如《廣雅》、《埤雅》、《爾雅翼》……，就顯得較爲黯淡無光，尤其是民國以後，幾乎已成絕響。推究其原因，大概是同義詞數量繁多，意義的劃分、歸類又極其繁瑣，不易整理出嚴密的體例來吧！近年王了一（力）編了一本《同源字典》（文史哲出版社印行），蒐集不少音義相近的字，頗有參考價值。只是同源字與同義字並不完全相同，而且該書只收單字，不收複詞，編排方式又以聲韻爲綱目，與來函所詢還有相當距離。因此，可以說截至目前爲止，坊間尚無一本合乎現代人需要的同義詞典，這個缺憾仍有待學術界努力彌補。

——摘錄自《國文天地》七十四年十月號

怎樣讀專家詩？

問 我是一名高中學生，看了您在《國文天地》的一篇〈爲什麼要讀專家詩？〉後，深有同感。我想學作詩，在書店常可看到些名爲「詩的作法」的書，可否麻煩就您所知的介紹幾本於我？或有別的方法同樣可寫詩？

另外，如果有意開始鑽研一位古人之作品，請建議我先讀哪些人之作品，並介紹有關他的書。（臺北讀者・王淑冠）

答 **淡江大學中文系副教授龔鵬程**：若想學詩，可以先看張夢機先生編寫的《近體詩的形式結構》，尚友出版社出版，仁愛書局《詩的作法》也可參考。

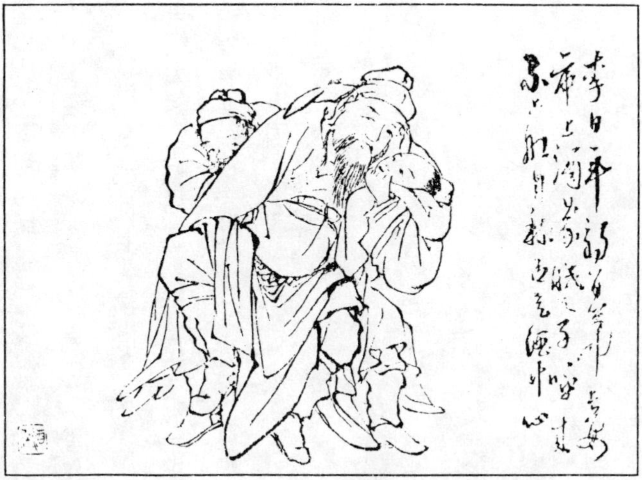

■自稱是酒中仙的李白

至於應先讀哪些人的作品，本無定則，可依興趣挑選。但我建議你在李白（《李白校注》，里仁書局）、杜甫（《杜詩鏡詮》，漢京書局）；陶潛（《陶詩箋證》，藝文印書館）、謝靈運（《謝康樂集》，中華書局）；蘇軾（《蘇軾詩注》，學海出版社）、黃庭堅（《山谷集注》，學海出版社）；韓愈（《韓昌黎詩集編年集釋》，里仁書局）、李義山（《玉谿生詩集注》，里仁書局）四組中，任選一組裡一家先讀。例如你若先讀陶，便續讀謝；讀畢，再選另一組讀，效果較大。大約每一家都得花一兩年細讀才好，千萬不要貪多躁進，因爲只要你讀完其中一家，你就稱得上是高手了；全部讀畢，當今鑽研中國文學的學者裡，也還並不多見呢！當然，你若只是隨便翻過，那又不如不讀了。

——摘錄自《國文天地》七十五年元月號

怎樣讀李賀詩？

問 我對李賀詩很感興趣，能不能提供我一些指導？有什麼書可以參考？（基隆讀者．楊日春）

答 清華大學中語系講師蔡英俊：要瞭解、欣賞李賀，我們必須記住兩個重要的事實：一是，他只活了二十七年（西元七九〇～八一六年）；一是，他的「古錦囊」。

就一個詩人而言，二十七年的歲月畢竟是太短了；他的生命沒有完成，他的創作也沒有臻於極境——可是，卻也展現了成熟之前的一種熱烈、激切的生命形態與創作風格。我們聽聽他的〈將進酒〉：「琉璃鍾，琥珀濃，小槽酒滴眞珠紅；……況是青春日將暮，桃花亂落如紅雨，勸君終日酩酊醉，酒不到劉伶墳上土」，飲酒宴樂的歡愉、及時行樂的頹廢，似乎是另一個李白式的官能震顫。然而，這種歡愉、頹廢終究不是李賀所能握持沈醉的世界；早衰多病的體質、仕宦的破滅，透過藥氣的煙霧、想像的馳騁，李賀跌落到一個鬼魅幢幢、絕望陰鬱的世界：「南山何其悲，鬼雨灑空草／長安夜半秋，風翦春姿老／低迷黃昏徑，裊裊青櫟道／月午樹無影，一山唯白曉／漆炬迎新人，幽壙螢擾擾」（〈感諷〉）。這首詩描繪長安城外荒山夜景的蕭瑟低迷，字裡行間流露出的陰冷，就像：「白狐向月號山風，秋寒掃雲留碧空」（〈谿晚涼〉）一樣，直訴人類心靈深處的淒涼落寞，使人生意銷蝕殆盡！

至於「古錦囊」的傳聞是這樣的：每天天亮，李賀即騎著瘦馬、背負古錦囊外出，途中有了靈感，就用紙筆寫下，投到古錦囊。黃昏回家之後，李賀就從袋中找出片段詩句，重新組織、修飾，然後定稿；他的母親常說他要「嘔出心肝」才會罷休——李賀，一個苦吟詩人，他的詩是用生命換來的：「非君唱樂府，誰識秋怨深？」（〈巴童答〉）如果不是詩人的敏銳易感，誰又能體認出天地間深沈的喜悅與哀愁？詩人凝視這個世界，體察生命消長的變遷、繁華與凋零，並且把這些理解與創造傳達給世人，激起同情共感。

當然，「古錦囊」的傳聞也可以有負面的解釋：李賀的作品是編綴的、爲文造情，所以往往有佳句可摘，而全篇終非上品；所以作品內容空洞，充滿堆砌、晦澀的造作痕迹。可是，如果我們換一個角度看，那麼李賀這樣全力以赴的沈思冥想、從事「由無到有」的創造活動，不就是排遣孤寂、丟棄死亡的重要憑藉？就像貝多芬的第四鋼琴協奏曲的慢板樂章，當我們聽到那絃樂與鋼琴一步一步緩緩前行的對話時，我們能說什麼？專注，劃破了無常的時間之流，否定了死亡的脅迫，心靈得以自在、生命得以自我肯定，這就是藝術的意義與價值。「筆補造化天無功」（〈高軒過〉），透過李賀，我們看到最具現代意義的創作理念的具體化。

傳統批評家稱李賀爲「鬼才」、「鬼仙」，說李賀的「瑰詭，

解惑篇

天地間自欠此體不得」，總是不夠具體，所以筆者重作上述的引介，希望爲瞭解李賀提出具體合理的門徑。

至於近代學者對李賀的研究，比較重要的著述有朱自清的《李賀年譜》（《朱自清古典文學論文集》，宏業書局或源流書局版）、余光中的〈象牙塔與白玉樓〉（《逍遙遊》，大林文庫或時報出版公司版）、周誠眞的《李賀論》（香港文藝書屋版）、蔡英俊的〈古錦囊與白玉樓〉（張夢機主編《詩與詩人叢刊》，偉文圖書公司版）、楊文雄《李賀詩研究》、以及《李賀詩選》（仁愛書局版），其中〈古錦囊與白玉樓〉與《李賀詩選》偏重作品的賞析，比較適合初學者入門之用，而〈象牙塔與白玉樓〉一文是中西觀點的比較研究，可讀性高，讀者可以參考。

——摘錄自《國文天地》七十四年八月號

人物篇

晉太子「申生」爲何不能繼立爲君？

問

《史記．晉世家》記載獻公詭諸有意廢太子，曰：「曲沃吾先祖宗廟所在，而蒲邊秦，屈邊翟，不使諸子居之，我懼焉。」爲何接著說：「於是使太子申生居曲沃，公子重耳居蒲，公子夷吾居屈。獻公與驪姬子奚齊居絳」，又何以「晉國以此知太子不立」，究竟從何推論而知的？（桃園讀者．曾淑媛）

答

中央大學中文系教授蔡信發：據《史記．晉世家》所載，晉獻公五年，伐驪戎，得驪姬，寵幸有加。八年，聽大夫士蔿之說，將當地的公子都殺了，而後建都於聚，改名爲絳，使它成了晉國的新都。十二年，驪姬生奚齊。獻公有意將太子申生廢掉，改立奚齊，就說：「曲沃，吾先祖宗廟所在，而蒲邊秦，屈邊翟，不使諸子居之，我懼焉。」於是，就派太子申生守曲沃，公子重耳守蒲邑，公子夷吾守屈邑，而他跟驪姬、奚齊仍居新都絳城。明眼人一看就知道他將不喜歡的太子申生、公子重耳、夷吾趕至他處，而將心愛的奚齊留在身邊，駐守都城，使親疏之情，全然流露；愛憎之意，表現無遺。再說，以京城爲一國興亡所繫的觀念，相沿成習，由來已久，而如今竟將太子申生遠調出京，公子中之賢者——重耳、夷吾又分居險地，以禦强敵，卻將心愛的奚齊留在身邊，寸步不離，不是擺明要傳位給他嗎？諺曰：「家累千金，坐不垂堂。」何況太子、公子之遠逐去國，無怪晋國人看到這種反常的舉措而知太子不能繼立爲君了。

——摘錄自《國文天地》七十七年七月號

孫叔敖的名字

問 春秋楚人，孫叔敖乃蔿賈之子，名敖，字孫叔，其字置於名前，是否可考？（讀者・再興中學教師潘美珠）

答 **臺灣師大教授王熙元**：春秋時代楚國令尹孫叔敖，《辭海》、《中文大辭典》、《重編國語辭典》、《中文辭源》諸辭書都說是蔿賈之子（都是根據《左傳》服虔的注，下文有引），而且前三部辭書或說「亦曰蔿敖」，或說「即蔿敖」。清儒孫星衍《問字堂集》說：「蔿敖，字孫叔。」由此可見，「其字置於名前」，可以得到佐證。

不過另有不同的說法：

一是清代大類書《古今圖書集成・氏族典》說孫叔是複姓；

解 惑 篇

■孫叔敖像(太原司馬金龍墓漆畫)

二是胡人凌迪知所撰的姓氏書《萬姓統譜》說叔敖是複姓，並說：「蔿艾獵爲令尹，字叔敖，以字爲氏。」

按：《左傳・宣公十一年》：「令尹蔿艾獵城沂」，杜預注：「艾獵，孫叔敖。」孔穎達《正義》：「服虔亦云：艾獵蔿賈之子孫叔敖也。」又《左傳・宣公十二年》：「蔿敖，爲宰，擇楚國之令典。」杜預注：「宰，令尹；蔿敖，孫叔敖。」清儒毛奇齡曾辨叔敖並非公族，亦非蔿氏，乃是期思（杜預注：「期思，楚邑名，今弋陽縣。」按：弋陽現屬江西，在省境東北，上饒縣之西。）之鄙人（謂郊野之人，見《荀子・非相》及《呂氏春秋・贊能》），而蔿艾獵、蔿敖、孫叔敖是三人，服虔、杜預注《左傳》，高誘注《呂氏春秋》，混爲一人。又近人陳奇猷《呂氏春秋校釋》也曾辨正其誤。由上述相關異說來看，似乎還有考證的餘地，茲引述以供參考。

——摘錄自《國文天地》八十一年二月號

「正考父」、「孔父嘉」是名和字的連稱

問 高中國文第一册〈訓儉示康〉注釋中提及「正考父」、「孔父嘉」二人，請問這六字如何解析？（讀者・再興中學教師潘美珠）

答 **臺北師院語教系主任古國順**：正考父和孔父嘉二人，都是名和字的連稱。上古時代名字連稱的，習慣於先字而後名，如孔子的父親叔梁紇，是名紇，字叔梁。漢以後的習慣才是先名而後字，如〈典論・論文〉所舉建安七子的名字：孔融文舉、陳琳孔璋等，融、琳都是名，文舉、孔璋都是字。正考父，是名考父，字正，單稱名則爲考父。孔父嘉，是名嘉，字孔父，也單稱字爲孔父。根據昭公七年《左傳》，孔穎達《疏》引《家語・本姓篇》的記載，孔子的祖先，從

孔父嘉以後，才以孔爲氏。關於春秋時人的名字，清儒王引之《經義述聞》卷二十二、二十三，有〈春秋名字解詁〉，張澍《養素堂文集》卷三十二，有〈春秋時人名字釋〉，可資參考。

——摘錄自《國文天地》八十年十二月號

「叔梁紇」姓名的奧妙

問 「叔梁紇」，乃孔子之父，「叔梁紇」是名字、或者「叔」是排行之序，而「梁紇」是名字？（臺北讀者・潘美珠）

答 **臺灣師大國文系教授王熙元**：孔子之父孔紇，《史記・孔子世家》稱「叔梁紇」，據《左傳・襄公十年》孔穎達疏解釋：「孔子之父名紇，字叔梁。古人名、字並言者，皆先字而後名，故《史記・孔子世家》稱爲叔梁紇也。」至於「叔梁紇」的「叔」字，習慣上表示排行次序，一如孔子名丘，字仲尼的「仲」字，孔子之子名鯉，字伯魚的「伯」字一樣，都是排行次序。

——摘錄自《國文天地》七十九年六月號

「三人行必有我師焉」中，孔子是否爲其中之一？

問

《論語》子曰：「三人行，必有我師焉。」不知孔子是否爲三人之中的一個？（臺北讀者・張忠達）

答

成大中文系教授呂興昌：《論語》原文是：

子曰：「三人行，必有我師焉；擇其善者而從之，其不善者而改之。」

此章與〈里仁〉：「見賢思齊焉，見不賢而內自省也」，文義大略近似，旨在說明，透過與其他生命之感應對照，學問德性均能有所精進。所謂三人行，正指個人與他人之交相往來，因此，孔子自是「三人之中的一個」；其他二人，或善或不肖，均可作爲進學修德之借鏡，故曰「必有我師焉」。

——摘錄自《國文天地》七十五年九月號

鄭玄師是事「第五元」，亦或是「第五元先」？

問

現行高級中學國文修訂本第五册第十課〈戒子書〉，作者係鄭玄，字康成。在作者欄(一)（第六十五頁）第三行記載：「玄少爲鄉嗇夫，掌收賦稅雜事。有志於學，不樂爲吏。遂造太學受業，師事京兆第五元先，又從東郡張恭祖受《周官》、《禮記》、《左氏春秋》、《韓詩》、《古文尚書》。」

記得當我在高中讀書時，國文老師曾經說：鄭玄的老師，姓第五，名元，可是七十四年八月修訂第十一版的國文課本仍作「第五元先」，如今面臨教學，請問究竟是「第五元」，還是「第五元先」？（嘉義讀者・謝美榕）

答

嘉義女高圖書館主任高明誠：現在高中國文第五冊〈戒子書〉（第六十五頁）一課係根據廿多年前標準本第六冊而編的。作者欄「鄭玄」第三行原文是：「師事京兆第五元先，始通《京氏易》、《公羊春秋》、《三統曆》、《九章算術》，又從東郡張恭祖受《周官》、《禮記》、《左氏春秋》、《韓詩》、《古文尚書》。」

《中國人名大辭典》第一〇二一頁：「第五、元先（後漢）通《京氏易》、《公羊春秋》、《三統曆》、《九章算術》，鄭康成師事之。」

《後漢書．鄭玄傳》：「鄭玄字康成北海高密人也八世祖崇哀帝時爲尚書僕射玄少爲鄉嗇夫得休歸嘗詣學官不樂爲吏數父數怒之不能禁遂造太學受業師事京兆第五元先始通京氏易公羊春秋三統曆九章算術又從東郡張恭祖受周官禮記左氏春秋韓詩古文尚書以山東無足問者乃西入關因涿郡盧植事扶風馬融……」

原文不曾加標點。鄭樵《通志．鄭玄傳》，文與此同，亦未著標點。揆諸《後漢書》文義，鄭玄師事京兆第五元，「先」始通《京氏易》、《公羊春秋》、《三統曆》、《九章算術》，「又」從東郡張恭祖受《周官》、《禮記》、《左氏春秋》、《韓詩》、《古文尚書》。以山東無足問者「乃」西入關因涿郡盧植事扶風馬融。誠按「先……又……乃」一氣呵成，介紹鄭康成拜師、求學之經過。蓋鄭玄好學師事京兆第五元，又從東郡張恭祖，仍不能滿足其求知慾，乃由涿郡盧植介紹再拜扶風馬融爲師。故《後漢書．鄭玄傳》原文，「先」字宜屬「始通京氏易……」句方爲合理。如此既可引下文「又從東郡張恭祖受周易……」且語氣委婉妥當。

康南海《新學僞經考》：「僞經傳於通學成於鄭玄考」論鄭玄云：「玄師事京兆第五元，先始通《京氏易》、《公羊春秋》、《三統曆》、《九章算術》；又從東郡張恭祖受《周官》、《禮記》、《左氏春秋》、《韓詩》、《古文尚書》，以山東無足問者乃西入關，因涿郡盧植事扶風馬融……」

完全因襲《後漢書》文句，而加標點，文中明白標出：「玄師事京兆第五元，先始通《京氏易》……，又從東郡張恭祖受《周官》……」。若云《新學僞經考》之標點非出於康氏之手，而係他人所代爲者，則請再讀康氏下文：「……唯鄭康成先從第五元通《京氏易》、《公羊春秋》，又從張恭祖受《周官》、《禮記》、《左氏春秋》、《韓詩》、《古文尚書》，蓋兼通今古……。」康氏將《後漢書》原文稍予整理，將「先」字調動爲：「……先從第五元通《京氏易》……」，辭義十分明顯，蓋康氏確認「京兆第五元」無疑。

嚴可均《孝經鄭注考》，亦與康氏之義同：「鄭先事第五元，又事張恭祖，又事馬融，從質諸疑義……」不但斷句清晰，文辭亦乾淨俐落，楊家駱氏《清代孝經考》，曾引用此文，楊氏殆亦確認鄭玄之師爲「第五元」。

譚慧生所編著之《漢代偉人傳記》，關於鄭玄云：「鄭玄號康成……他先從京兆第五元學習《京氏易》、《公羊春秋》……又從東郡張恭祖學習《周官》……」

諸如上列資料，均足以證明鄭康成所師事者，乃「第五元」。「第五」爲姓，「元」爲其名，而非「第五元先」。

人物

——摘錄自《國文天地》七十五年七月號

問

頃閱貴刊第十七期〈回應與挑戰〉，林政華教授〈第五元就是第五元先生〉令人百思莫解。請問鄭玄之師，究竟是「第五元」？還是「第五元先」？「先」字可否作「先生」一詞的略稱？本刊第十四期〈解惑篇〉第一則拙文〈鄭玄師事第五元〉一文有何「大誤」？（讀者．高明誠）

答

臺灣師大國文研究所教授周何：明誠學長吾兄惠鑒：昨獲電示當即拜讀鴻作，深覺吾　兄所論皆有依據，態度極爲謹愼，感佩已極，林政華先生之文似不若吾　兄之確鑿有據也，茲陳愚見一二，俾供參考而已：

一、《漢書．梅福傳》顏注：「師古曰：先猶言先生也，一曰先謂在秦時。」是顏注原有二解，師古疑而莫決，故並陳之．今林文僅舉其一說，而隱其有利於吾　兄之資料，似失平正。

解惑篇

二、歷來文章，嘗見「生」指先生者，除〈梅福傳〉顏注未成定詁者外，蓋未嘗見有以「先」指先生者也。

三、世界書局本康有爲《新學僞經考》，書中標點斷句雖爲後人所作，然世界書局出書一向謹愼，縱或「不一定正確」，而林先生所擧人人文庫本，亦「不一定正確」也。（世界本一八四頁作「先始通京氏易」）

四、啓明書局四史中《後漢書．鄭玄傳》即在「元」字斷句，「先」字下屬，亦足資參考（林文作「遂」未知所據）

五、鴻文中明白指出〈鄭玄傳〉：「先……又……乃……」三字所領各句，文意一貫，層次分明，誠善讀文章者也。然則「先」當「最早」解，與「始」字並非所謂「合義複詞」，林文以「合義複詞」解之，無論其所解是非，而未嘗細讀尊作，固不能辭也。

六、康氏下文所云：「先從……又從……」，亦仍本傳之意無誤，似不得云：「先（即《後漢書》原文「始」……）」，林文似亦未及深思耳。

綜上所述，足見吾　兄所論較長，終不應有「大誤」之苛責也。

——摘錄自《國文天地》七十五年十二月號

謝安如何訓戒子姪？

問

《晉書．謝玄傳》：「玄少爲叔父安所器重，安嘗戒約子姪，因曰：子弟亦何豫人事，而正欲使其佳。諸人莫有言。玄答曰：譬如芝蘭玉樹，欲使其生於庭堦耳。」其中：「子弟亦何豫人事……」一句如何解？（臺南讀者．洪慶明）

答

東吳大學中文系教授王國良：《晉書．謝玄傳》此一段對話，最早見載於晉裴啓《語林》。《語林》今雖不存，《藝文類聚》卷六十四、卷八十一、《初學記》卷二十七、《太平御覽》卷九八三並引本文。其後，南朝宋劉義慶編《世說新語．言語》第九十二則，又轉錄之。

「何豫人事」的「何豫」，也作「何預」，它應是「跟……有

人　物

什麼相干？」的意思。《世說新語·任誕篇》第五十則、〈假譎〉第十則、〈汰侈〉第一則，並有「何預卿事」語，就如同我們今天說「跟你有什麼相干？」至於「人事」一詞，在〈言語〉第八十六則、〈賞譽〉第一及二則、〈紕漏〉第八則，一再出現，都作「人家事」解。

「正欲使其佳」句，《藝文類聚》卷八十一、《初學記》卷二十七、《太平御覽》卷九八三引《語林》，「正」並作「政」。這兩個字聲音相同，在古書中經常通用，《世說新語》中，至少可以找出三個例子。此處的「正」字，宜作「恰」或者「方將」解。

經由以上的分析，我們願意引羅龍治教授著《六朝異聞——世說新語》（時報文化出版公司，民國七十一年十一月，初版），頁三十四，〈言語〉：「芝蘭生階庭」一則的語譯作爲結束：「我家子弟和別人有什麼相干，爲什麼一定要把他教養成爲好子弟呢？」羅教授的理解，應該鑾接近原意了。

——摘錄自《國文天地》七十九年五月號

從《顏氏家訓·終制》看介之推出仕的苦衷

問 高中國文第一冊第五課〈廉恥〉注釋二十六：《顏氏家訓·終制》：「計吾兄弟，不當仕進，但以播越他鄉，無復資廕，兼以北方政教嚴切，全無隱退者故也。」觀此可知之推之出仕，有其不得已之苦衷。請就此進一步詳解。（臺南讀者·黃瓊瑤）

答 **臺灣師大國文系教授曾忠華**：《顏氏家訓》全書凡二十篇。本「注釋」所引者，爲第二十篇〈終制〉。終制，《顏氏家訓集解》王利器注曰：「終制，謂送終之制，猶今言遺囑。」「終制」之名見於《後漢書·宋均傳》：「送終逾制。」《三國志·魏書文帝紀》黃初三年：「表首陽山東爲壽陵，作終制曰……。」又《常林傳》注引魏略：「沐並作終制。」《晉書·石苞傳》：「豫爲終制。」《金樓子》有〈終制〉。黃叔琳曰：「古多厚葬，故楊王孫之論，班史傳之，魏、晉間人效其義，多載之於史。」（器注）

之推此篇乃敍述遭逢亂世，不得厚葬其親，自咎自責；並囑其子如何善其身後之事等。故於文曰：「今年老疾侵，儻然奄忽，……不勞復魄，殮以常衣。先夫人棄背之時，屬世荒饉，家塗空迫，棺器率薄，……朔望祥禫，唯下白粥清水乾棗，不得有酒肉餅果之祭。……汝曹若違吾心，有加先妣，則陷父不孝，在汝安乎？……吾今羈旅，身若浮雲，竟未知何鄉是吾葬地；唯當氣絕便埋之耳。汝曹宜以傳業揚名爲務，不可顧戀朽壤，以取堙沒也。」是以《顏氏家訓》之終制，王利器注曰：「猶今言遺囑。」

本「注釋」引〈終制〉之文，謂之推出仕，有不得已苦衷，可分二者以言之：一爲「家道罄窮」，一爲政治環境所迫而然。顏氏於〈終制〉曰：「先君先夫人皆未還建鄴舊山，旅葬江陵東郭。承聖宋，已啓求揚都，欲營遷厝，蒙詔賜銀百兩，已於揚州小郊北地燒塼，便值本朝淪沒，流離如此，數十年間，絕於還望。今雖混一，家道罄窮，何由辦此奉營資費？……自咎自責，貫心刻髓。計吾兄弟，不當仕進；但以門衰，骨肉單弱，五服之內，傍無一人，播越他鄉，無復資廕；使汝等沈淪廝役，以爲先世之恥；故靦冒人間，不敢墜失。兼以北方政教嚴切，全無隱退者故也。」顏之推本爲南朝梁人，初仕梁元帝爲散騎侍郎，以亂奔齊。顏氏本不願於異族統治下出仕求榮，但北齊不准其退隱，不得已臣事於北朝。明瞭顏之推政治、家庭背景與心志後，注釋中所引之：「計吾兄弟，不當仕進，……播越他鄉，無復資廕，……北方政教嚴切，全無隱退者故也」之謂，即知其行指矣。「不當仕進」，謂本爲梁人，本不當臣事於北齊。「播越他鄉」，謂「本朝（梁朝）淪沒」，以亂奔齊也。「無復資廕」，指梁朝淪沒，以亂奔齊，「家道罄窮」。「兼以北方政教嚴切，全無隱退者故也」，謂北齊政教峻苛，不准其隱退。至於之推之「兄弟」，史書所載不一：《梁書》卷五十列傳第四

人物

十四「文學」下〈顏協傳〉曰：「有二子：之儀、之推，並早知名。」以之儀居首，是之儀爲之推之兄。《南史》卷七十二，列傳第六十二〈顏協傳〉曰：「子之儀、之推，並早知名。」之儀亦居前。惟《北史》卷八十三，列傳第七十一〈顏之推傳〉之後，附之儀傳曰：「弟之儀，字升。」載明之儀爲之推之弟，故一般辭典從《北史》之說，以之推爲之儀之兄長。

——摘錄自《國文天地》七十七年六月號

王之渙的生卒年

問 關於唐代詩人王之渙生平，經查知之參考書，未得其生卒年之傳記資料。今國中國文第一冊第五課作者欄，明載：「生於武后垂拱四年（西元六八八年），卒於玄宗天寶元年（西元七四二年），年五十五歲。」不知根據何本？（臺北讀者・涂春景）

答 **政治大學中文系教授董金裕**：王之渙生卒年（即西元六八八～七四二年）見於大陸出土之宣義郎行河南府永寧縣尉靳能所撰〈唐故文安郡文安縣尉太原王府君墓誌銘並序〉。全文登載於西元一九六一年八月號《文物》。

——摘錄自《國文天地》七十七年十二月號

誰是韓荊州？

問 唐德剛先生在《胡適雜憶》中提及：「生不願封萬戶侯，但願一識韓荊州」，韓荊州指的是何人？同一文中的「企枱、司廚……」「企枱」是否就是服務生？（桃園讀者．李麗珍）

答 **成功大學中文系教授呂興昌**：一、韓荊州指唐玄宗時之荊州長史韓朝宗。朝宗先於睿宗朝任左拾遺，多所匡諫。開元十八年稍後爲荊州長史，二十二年，朝廷初置十道採訪使，朝宗以荊州長史兼判襄州刺史、山南東道採訪使。襄州南楚故城有「昭王井」，傳言汲者死，行人雖渴困，亦不敢視。朝宗移書諭神，自是飲者無恙，人更號「韓公井」。坐所任吏擅賦役，貶洪州刺史，天寶初，召爲京兆尹，分渭水入金光門，匯爲潭，以通西山材木。出爲高平太守，後貶吳興別駕，卒。朝宗喜識拔後進，嘗薦崔宗之、嚴武於朝，當時士咸歸重之。

按：「生不」二句，語出李白〈與韓荊州書〉一文，約作於開元廿二年卅四歲之際，正是李白「仗劍去國，辭親遠遊」以遂丈夫四海大志，十年仍無所成之時，由於暫居湖北安陸，乃就近上書韓氏，求其獎掖拔擢。

又：「生不願封萬戶侯」一語，宋本《李太白文集》及一般傳本均作「生不用萬戶侯」，錄以備考。

二、「企枱」一詞正是粵語餐館服務生之謂。

案：《說文》：「企，舉踵也，从人止」（踵，足跟也）舉鐘而侍枱側，正爲服務生之寫照。

——摘錄自《國文天地》七十五年九月號

「歐陽修」？「歐陽脩」？

問 現今高中課本和坊間參考書，都將宋代古文運動領袖寫成「歐陽修」，但是有些學者專家常將他寫成「歐陽脩」，請問「修」與「脩」兩字能否通用？歐陽先生生前又是用哪一個字呢？（臺北讀者·王莉）

答 **政治大學中文系教授黃志民**：宋歐陽文忠公的名字，因資料來源而有「脩」或「修」之異；據牛春和輯《歷代名家尺牘眞蹟》（四海書屋，五十八年），文忠公自署「脩」。附手蹟影印資料一幀以供參考。

解惑篇

罪而從容於進退者異也諒非
遜請不能已然亦必易遂也承
見諭敢及之　　俏　頓首
元珍學士

——摘錄自《國文天地》七十八年六月號

歐陽修之父如何判人死罪？

問

在歐陽修的〈瀧岡阡表〉中，歐陽修母親問到：「生可求乎？」，他的父親為何那樣回答她？而且回答中說到：「夫常求其生，猶失之死」，「失之死」三字是否真指他「失誤」而判他人死罪？（臺北讀者：陳爾惠）

答

政治大學中文系教授張雙英：首先，我們不宜忽略歐陽修的母親鄭氏所提的這個問題並非完全獨立，而是前有所承的。當時，鄭氏看到任職獄官的歐陽修之父歐陽觀，在深夜仍藉著燭光研究某案而屢屢擲卷歎氣，乃問其故，歐陽觀答以該案之囚所犯者乃死罪，他正為無法替該死囚尋得生路而覺傷感。於是鄭氏才繼續問：「生可求乎？」由此可見歐陽觀不僅勤於治事，且是位守法而宅心仁厚者，他對死囚的基本態度是盡量設法去保全其性命。

據此，鄭氏所問的「生可求乎？」的「生」顯然並非泛指一般人，而是專指「死囚的生命」，用白話來說，她的問話可譯爲：「死囚的生命可保全嗎？」這也是爲何歐陽觀會回答說：「求其生而不得，則死者與我皆無恨也」了。清儒皮鹿門即指出，這正是儒者聽訟時，雖厭惡犯人錯誤的意念及行爲，但並不憤恨其「人」，想祛除犯人的歹念歹行，而不願殺害其「身」的「民胞物與」、「仁民愛物」的傳統。

若我們也將「常求其生，猶失之死」放入原來的段落中去考察，則此處的「求其生」之「其」，依上下文之意，顯然與前面「求其生而不得」之「其」一樣，都是專指死獄的囚犯，否則，又何必設法爲其求取生路呢？因此，「死」既爲該囚犯必然的結果，則即令判其死罪，又何「失誤」之有？所以此處「失之死」的眞意宜解釋作：歐陽觀雖時時存有爲死者求生路之心，但在法的約束下，有時仍會遭到無法全其性命的遺憾。據此，這裡的「失」實不應解釋成「失誤」。

——摘錄自《國文天地》七十九年九月號

朝雲是錢塘名妓？

問

東坡愛妾朝雲，未入蘇家前之身分爲何？淸古吳墨浪子《西湖佳話・六橋才迹》稱其爲「錢塘名妓」，《國文天地》第四十二期〈東坡與朝雲〉卻推論說：「因其善唱，可能是位歌童。」何者爲是？

（臺北讀者・林純芬）

答

東吳大學中研所博士班劉昭明：關於朝雲的筆記小說很多，然多後人穿鑿附會，未可輕信，我們如欲瞭解朝雲的眞實面貌，最好從東坡本身的詩文去尋繹。據東坡〈朝雲墓誌銘〉，我們能明確獲知朝雲生於宋仁宗嘉祐八年，神宗熙寧七年進入蘇家時僅十二歲，東坡時年三十九，在杭州任通判，而朝雲正是土生土長的錢塘人。至於

人　物

■東坡朝雲圖(八大山人畫)

說，未入蘇家前的朝雲究竟是何身分，現在已難確知，《西湖佳話》說她是錢塘名妓：「愛慕的是風流才子，鄙薄的是庸俗村夫」，這純屬無稽之言，不足採信，清王文誥《蘇文忠公詩編註集成》也辯說：「生於嘉祐八年癸卯，至熙寧七年甲寅來歸，纔十二齡也！妄人多疑其以歌者從公，輒作豔詞寄於夢幻，此不可以不正也。」朝雲是進入蘇家後，才開始唸佛學書的，一位識字不多的十二歲垂髫少女怎麼會是淪落風塵「已四年」的錢塘名妓呢？《西湖佳話》之謬昭然若揭。所以，與其說未入蘇家前的朝雲是錢塘名妓，我們毋寧相信她只是個擅長歌唱的少女，初入蘇家也可能只是家妓的身分，《軒渠錄》載：「東坡有歌舞妓數人，每留賓客飲酒，必云：『有數箇抹粉虞侯欲出來祇應也。』」十二歲的小朝雲在蘇府所扮演的，正是這種在宴遊筵席間歌舞侑酒的角色。直到元豐三年在黃州，十八歲的朝雲才與四十五歲的東坡有肌膚之親，二十一歲生蘇遯，從此正式成為東坡的侍妾。

——摘錄自《國文天地》八十年三月號

關於關漢卿字號的問題

問

課本作者欄中關漢卿號己齋叟，《元人散曲選詳註》卻作「已」齋叟。究竟何者爲是？（南投讀者．李秀娥）

答

臺灣大學中文系教授曾永義、清華大學中語系副教授王安祈：當作「已齋」，「己」字乃是誤刊。不過，若據大陸學者的新近研究，則當以「一齋」爲正寫。茲節錄張月中、盧彬所編《關漢卿研究新論》（花山文藝出版社，西元一九八九年）頁七部分如下：

經學者實地之考察，發現關家花園北院有座「一齋樓」，正是關漢卿的書齋，「一齋叟」才應是他的自號。因

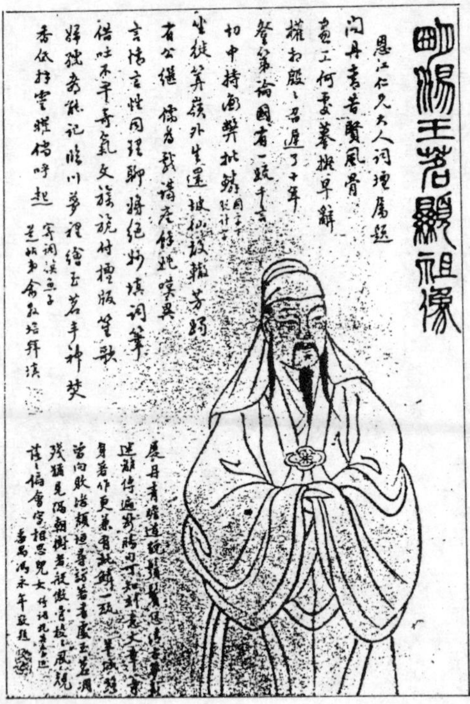

■湯顯祖像

古代「一」與「乙」音近義同，故常把「一」寫作「乙」；又因「乙」與「已」音同形似，所以把「乙」刻、寫成「已」便不足爲奇了，而「已」字絕對是誤刊。

——摘錄自《國文天地》八十年六月號

史可法的兄弟有幾人？

問

高中國文第三冊全祖望所寫〈梅花嶺記〉提及：「予聞忠烈兄弟，自翰林可程下，尚有數人，其後皆來江都省墓。……」且其第八弟婦亦為烈婦，請問史可法的兄弟究竟有幾人？其家譜世系是否可考？

（新竹讀者．趙琴）

答

東海大學文學院院長呂士朋：史可法，字憲之，河南祥符人，世錦衣百戶。祖父應元官黃平知州，有惠政；父從質，無顯迹，母尹氏懷孕時，夢文天祥入其舍，生可法。可法少年時，以孝子聞名鄉里。崇禎元年（西元一六二八年）進士，授西安府推官，遷戶部主事，歷員外郎、郎中。累擢右僉都御史，巡撫皖、豫各地，攻剿流寇，數有功績，拜南京兵部尚書。南明福王（弘光帝）立，加可法武英殿大學士，開府揚州。清兵敗流寇，乘勝南下，多爾袞致書勸降，可法卻之，揚州破，遂殉國，遺有《史忠正集》（忠正係清乾隆帝追謚之號）。可法無子，遺命以副將史德威爲之後。有弟一人，名可程，崇禎十六年（西元一六四三年）進士，擢庶吉士，流寇破北京，可程降賊，賊敗，南歸，可法請福王治其罪，福王以可法故，令養母，可程遂居南京，後再流寓宜興，閱四十年而卒。

——摘錄自《國文天地》八十年元月號

文天祥爲何被囚在不堪之處？

問　〈正氣歌並序〉：「……囚北庭，坐一土室……白間短窄，……駢肩雜遝，……」歌詞末：「風簷展書讀，古道照顏色。」

一、元人扣留文信國公，大概是要脅迫宋室，想不動刀兵而亡宋，像這樣最有利用價值的大人物，以上賓相待還恐不恭，怎麼竟把他囚在那樣不堪居處的地方？

二、既是「白間短窄」，「風簷展書讀」光線夠嗎？

三、元人要收買文公，即使給他書讀，大概也只是些有助洗腦的書吧？豈會給他有「古道」的書？（臺中讀者．倪豪猷）

答

淡江大學中文系教授王仁鈞：一般而言，欲人就範，不外「威逼」、「利誘」二途。所稱「以上賓相待還恐不恭」應屬「利誘」，事實上《宋史．文天祥傳》有「至燕，館人供張甚盛。」之記載，可見元人亦曾考慮及此；無奈「天祥不寢處，坐達旦。」完全無動於衷，遂致「利誘」無功。「利誘」既不成，「威逼」於是取而代之，雖然，文獻中未見細表，然宋史本傳謂：「天祥性豪華，平生自奉甚厚……」卻洩露一點消息可資探討。試想：若是藉外在之權勢，令人生活於與其人平素習慣相悖之待遇下，則折磨之厲，摧殘之甚，蹂躪之烈，何以比擬？然則「把他囚在不堪居處的地方」，是否恰在使其不堪忍受，因而產生渴望解懸之心理，以致自隳其意志，進而不惜伏首允降，終遂元人逼其就範之用心？可供吾人予以測蠡。

至於提問二，縱是「白間短窄」，畢竟不是絕無光線；處此境遇，文信國公生死均已置之度外，豈有餘情顧慮「光線夠否」？其實，身在縲囚，文信國公詩文著作未斷，可見無論光線如何昏暗，

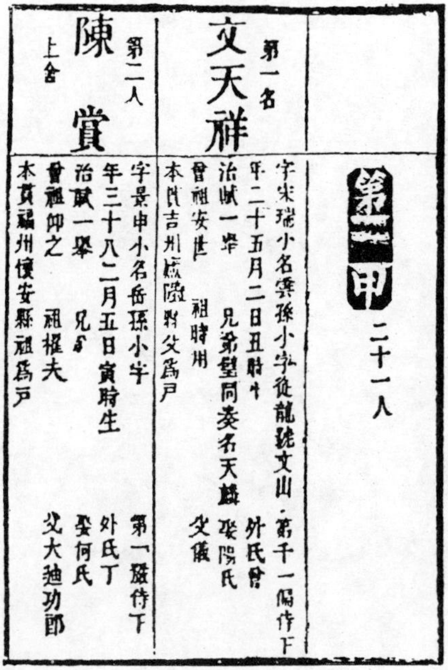

第一甲　二十一人

第一名　文天祥

字宋瑞小名雲孫小字從龍號文山　第千一偏侍下

年二十五月二日丑時生　外氏曾

治賦一舉　兄弟璧同奏名天[illegible]　娶陽氏

曾祖安世　祖時用　父儀

本貫吉州廬陵縣父為戶

第二人　陳賞　上舍

字景申小名岳孫小字　第一嚴侍下

年三十八二月五日寅時生　外氏丁

治賦一舉　兄[illegible]　娶何氏

曾祖仰之　祖擢夫　父大廸功郎

本貫福州懷安縣祖為戶

■宋理宗寶祐四年登科錄

猶可克服利用。何況，古人夜晚讀書，每常一燈如豆，較之「白間短窄」的採光情況，未必好得多少，以此思之，「白間短窄」，固無礙乎寫作閱讀也。

至於提問三，文信國公的〈正氣歌〉，雖屬寫實筆調，而「風簷展書讀，古道照顏色。」原非描述客觀景物，不得以實際景況相比勘。應知文信國公早年曾以「進士第一」受朝野矚目，君長青睞，其腹笥之盈，可以想見。經史在膺，檢點隨心，斯時斯地，何必非由獄官供給「古道之書」始能展讀於風簷之下？

以上所陳，非敢解答，謹以淺識，聊助參考。

——摘錄自《國文天地》七十八年元月號

「馬帥」是什麼人？

問

黃宗羲〈柳敬亭傳〉（見《南雷文定前集》卷十）：「馬帥鎮松時，敬亭亦出入其門下。」「馬帥」究竟爲何人？（臺北讀者．吳明容）

答

交通大學國文組副教授詹海雲：「馬帥」指的是馬進寶（逢知）。

柳敬亭於左良玉死後，在清順治十三年（西元一六五六年），爲松江提督馬逢知食客，雖甚得寵異，然馬氏爲一橫征暴虐，窮極奢華之武人，性行不修，又以倡優遇之，故柳氏鬱鬱不得志（事見日人福本雅一《明末清初》頁二四七，西元一九八四年同朋社版；柴萼《梵天廬叢錄》第五册，卷二十八，頁三十五，禹甸文化事業公司）。而據清阮葵生《茶餘客話》（卷八，頁二〇一，世界書局本）

及《清史》（頁三七七一、三八五一、五九六九，國防研究院版）

知：馬氏原爲吳三桂部將，後叛降清，爲松江提督，繼因私通鄭成功，爲清廷偵悉，遭戮。

另：有關柳敬亭事迹，除黃宗羲〈柳敬亭傳〉外，還可參考吳偉業〈柳敬亭傳〉、周容《雜憶七傳》、張岱《陶庵夢憶》、余懷《板橋雜記》、錢謙益〈爲柳敬亭募葬疏〉、孔尚任《桃花扇》、王士禎《分甘餘話》、徐一士《一士類稿．一士談薈》中的〈柳敬亭〉（西元一九八三年書日文獻出版社）及前引日人福本雅一《明末清初》中的〈柳敬亭〉。大抵而言，對柳敬亭評價有三種看法：重其藝亦重其人（張岱爲代表），輕其人許其藝（黃宗羲爲代表），輕其藝亦輕其人（王士禎爲代表）。而綜述柳敬亭事迹者，以徐一士〈柳敬亭〉較爲詳備。

——摘錄自《國文天地》七十九年元月號

「揚州八怪」是何許人也？

問　鄭板橋是「揚州八怪」之一，那麼另外七位是何許人也？（彰化讀者‧黃國明）

答　**國立故宮博物院副研究員王耀庭**：「揚州八怪」指的是清代乾隆年間寓居揚州的八位代表性畫家，一般說法是以汪士愼、黃愼、金農、高翔、李鱓、鄭燮、李方膺、羅聘爲代表（見《甌鉢羅室書畫過目考》），惟說法不一，甚至不至八人，有換汪士愼、高翔、羅聘爲高鳳翰、邊壽民、楊法，或換高翔、李方膺爲閔貞、高鳳翰。甚至將陳撰、李葂列入（見《揚州畫舫錄》）。之所以爲「怪」，是因爲這一批畫家的畫風，與當時尚模擬、遵崇古人不同，而以表現自己的意志風尚爲主。

——摘錄自《國文天地》七十九年六月號

■鄭板橋像

關於「近代學人手札」

問

貴刊第九期增闢〈近代學人手札〉一文，蒐保文獻，爲異代增添史料，立意至確，希能繼續推出，功非淺鮮。欣賞了近代八位學人的九件手札，知成愓軒先生之詩溫柔敦厚，法書俊逸端秀，而且駢文獨擅勝場；想必似宋代的歐陽永叔，乃當代之文宗。望能介紹其生平大略，此應是廣大讀者羣所極欲知者。（臺北讀者．沈耀程）

答

淡江大學中文系教授陳慶煌：成愓軒先生字康廬，號楚望，湖北陽新人，現年七十五歲。中央政治學校高等科第一期畢業，高等文官考試及格。曾任國防部最高委員會簡任祕書、考試院參事、總統府參事、考試院考試委員，及私立正陽法學院、私立中國文化大學、國立臺灣師範大學、國立中央大學、國立政治大學等校教授。並膺考試院高等考試典試委員及特種考試典試委員長垂四十年。著有《藏山閣詩》、《楚望樓詩》（正中書局印行）、《楚望樓駢體文內篇》、《外篇》、《續編》、《楚望樓聯語》、《汲古新議》等書。

——摘錄自《國文天地》七十五年四月號

「七先生」是否姓「七」？

問　兩年多前曾見貴刊談到「第五先生」這個中國姓氏，因想請問我國有否「七先生」這個「七」姓？（基隆讀者．王輔羊）

答　**國立中央圖書館參考諮詢孫秀玲小姐**：五千年的歷史，不但造就了中國數億的人口，同時也爲他們找到可以代表自己的「姓氏」。我國姓氏之多，該是冠於全球的。淸人張澍的《姓氏尋源》，收錄我國姓氏約有四千多種，這麼多的姓氏中，除了爲一般人熟知的「百家姓」外，自不免有些不常見的僻姓。根據《姓氏考略》一書所載，確實有「七」這個姓。只是起源不詳，明代有位名叫「七希賢」的人，籍貫爲施州衞，明武宗正德年間曾擔任福建省永春縣的縣學訓導，相當於現在的教育局長。至於現今還有沒有「七」姓？囿於資料，則不得而知。

——摘錄自《國文天地》七十八年十一月號

思想篇

「四十而不惑」和「四十不動心」有何不同？

問 《論語．爲政》云：「四十而不惑。」與《孟子．公孫丑上》云：「四十不動心。」有何不同？（韓國讀者．宋寅聖）

答 **東吳大學中文系副教授劉文起**：孔門夙以人文化成爲教，而人文化成，即以「德性至體」（仁）之擴充爲主要內容。唯有藉「德性主體」之擴充，方可從容中道，臻於極致。《論語．爲政》記孔子自言十有五志於學，以迄七十而從心所欲不逾矩者，正申明受教者不可躐等，須日就月將，盈科而後進，此於仁道方可無所遺漏。「四十而不惑」一句，正承「十有五而志於學，三十而立」而言，意謂「前此無不有見解，然猶未瑩澈，或不免於疑惑，至此分明瑩澈，

解惑篇

無復疑惑矣。」（《論語會箋》）唯孔子不以此爲足，故下文復接之以「五十知天命，六十耳順，七十從心所欲不逾矩」云云。若就「四十不惑」言之，即「智者不惑」之意，人若以之與「勇者不懼」、「仁者不憂」兼備，孔子許之爲君子（《論語·憲問》：「君子道者三，我無能焉：仁者不憂，知者不惑，勇者不懼。」）易言之，「四十不惑」，應是人生理性活動之「階段目標」之一，孔子先予以定向，而緣何可以「不惑」？則可以孟子「不動心」（見《公孫丑上》，原文甚長，此不贅引）解之，一爲原則指示，一爲具體解說。蓋儒學傳至孟子，理論系統始燦然大備，而淵源所自，乃自孔子而出。故孟子曰：「乃所願，則學孔子也。」（《公孫丑上》）又曰：「自生民以來，未有盛於孔子也。」（同上）

「不動心」如何可以解惑？則須先從惑之所起言之。大凡人仰觀天文，俯察地理，萬事萬物，無不有惑，倘論及人之安身立命，進德修業，其指引爲何？尤爲大惑。雖老身長子，實不易學。然不易學者，非謂不能學也，實不肯學也，何以不肯學？即「動心」之故。人既「動心」，理即未易明，惑因之而起，故欲「不惑」，孟子以爲唯由「不動心」解之方可。而如何可以「不動心」？孟子遂拈出「知言」與「養氣」二方。

動心者，謂心有所「恐懼疑惑」（朱注），恐懼疑惑即心病，心病如何排除？告子先有言曰：「不得於言，勿求於心。」以爲「不動心」者，當「舍置其言」，且「不必反求其理於心」（朱注），將「心」與「言」相離，言說理論不擾於心，心即可「不動」。而孟子以爲「不可」者，蓋言爲心聲，言若不合於理（不得於言），則可知心已有病（動心），心病往往不易察知，而言語之「不得」，正足以察知心病之所在。心病之小者，足以使一己失德喪身，大者則「生於其心，害於其政，發於其政，害於其事。」可不畏哉？故孟子復釋之曰：「詖辭知其所蔽，淫辭知其所陷，邪辭知其所離，遁辭知其所窮。」詖辭、淫辭、邪辭、遁辭皆是言語之「不得」者，蔽陷離窮即是心病，由言病可以察知心病，而後對症下藥，（養心莫善於寡欲，又曰：學問之道無他，求其放心而已

解惑篇

矣。）藥到病除（不惑），理所固然。如或不然，如告子所言，心寂然不動，與言相離，充其極致，亦不過求得己心所謂之「虛靈寂靜」而已（實則與俗所謂「哀莫大於心死」之心死，有何異？）又曷可論於治國平天下之大責重任，此正惑之大者也。

知言，可據以知心病之有無，惟孟子以爲若無「氣」（指人之生命力、意志力、情緒、意識等）之配合，惑亦不能全去。「心志」爲人德性活動之主體，出令無所受令，「氣」受其統率，隨「心志」而行（志至焉，氣次焉），居於配合之地位。配合之義可有二解：就消極義說，心志既爲主體，清明無惑，則當有之以養之，氣只須「無暴」（不放肆，不亂爲）即可，所謂「志壹則動氣」、「持其志，無暴其氣」即是，不惑不餒，生命之價值因之而彰顯。從積極義說，心志與氣，依學理言之，「志壹則動氣」，「志，氣之帥也」，氣以心志爲主宰，但落於現實生活層中，則常又「氣壹則動志」，「今夫蹶者、趨者，是其氣也，而反動其心」，以氣爲主宰，以之支配心志；而「氣，體之充也」，人之形軀活動，以生命力、意志力之氣爲其內容，今心志旣爲形軀意氣所指使，「耳目之官不思，而蔽於物，物交物則引之而已。」（〈告子上〉）此正孟子所謂「從其小體」之小人也。旣爲小人，焉能無惑？欲除此患，故孟子力言善養「浩然之氣」方可，亦即將氣「配義與道」、「直養而無害」，予以理性化，如此，氣已非生理與心理衝動之氣，可以助成心志淸明之恆久，自可以無惑矣。

孟子養氣之言，亦針對告子「不得於心，勿求於氣」而申論，孟子以爲告子此二句「可」者，朱注曰：「可者，亦僅可而未盡之辭耳。」此解誠是。先曰可，乃因心不合理，後求於氣，誠屬無謂；孟子又曰不可者，氣須配義與道，集義直養（此正與告子不同處）而後與心相合，至大至剛，斷制所當宜，而後行之不疑，此正孔子所言「四十不惑」之確解。

——摘錄自《國文天地》七十八年四月號

「耳順」和「不惑」有什麼不同？

問

「六十而耳順」句中，「耳順」朱熹注解是：「聲入心通，無所違迷，知之之至，不思而得。」這與「不惑」有何不同？（臺北讀者．陳紹義）

答

清華大學中語系副教授林聰舜：「四十而不惑」是信道篤而自知明，對自己的價值取向不再動搖。「六十而耳順」則是道德修養純熟的境界，這時義精仁熟，對外物汎應曲當，故朱注云：「聲入心通，無所違迷，知之之至，不思而得。」由於「耳順」是承續「知天命」而來的人生境界，所以朱熹特別點出「知之之至」（即知天命之至）。

——摘錄自《國文天地》七十七年八月號

《孟子》中的「氣」

問

《孟子》中：「志壹則動氣，氣壹則動志也，今夫蹶者趨者，是氣也而反動其心。」該作何解釋？和我們個人修養有無關連？（臺北讀者・王小萍）

答

文化大學哲學系副教授楊祖漢：孟子所說的養氣，工夫是在心上做的，即所謂集義。若能時時集義，使自己所做的行爲皆能慊於心，自己不會感到慚愧，自然會使自己的現實生命逐漸生出正大光明的氣概來，自然會充實而有光輝，成爲大人聖人。所以浩然之氣的獲致是「果」，而集義，即時刻省察自己，看看自己所作之行爲，及行爲的存心（動機）是否合於義，不斷的作內部的端正自己的念慮，以求澄清自己的生命的工夫，乃是「因」。故養氣即是養心，即是擴充自己之本心，盡自己的善性。從心上做工夫，便可在現實生命之具體活動之氣上得收穫。故孟子說：「夫志，氣之帥也；氣，體之充也。夫志至焉，氣次焉。」即志是氣的統御者，心志用在什麼地方，體氣便在什麼地方上表現。故如人越用心於義，他的現實生命之氣之表現，便日趨於光明正大。

然而孟子馬上又補充說：「故曰持其志，無暴其氣」，持其志是沒有問題的，因前面孟子已說過「志至焉，氣次焉」，但既然如此，則能持其志，在心上用力，便應足夠了，因氣自然會聽命。如是則又何須補以「無暴其氣」的工夫呢？公孫丑便是這樣問孟子。孟子回答說：「志壹則動氣，氣壹則動志也」，意即用力於持志，使心志專一，固然可以統御其氣，但人的生命之氣（本能、情感、意欲等）若太强，太集中，則亦會奪取心之主導性，反過來作心志的主宰。如人在跌倒或匆忙行走時，便會牽動人的心志。順孟子之意而言，人之自然生理的力量，是有其自己的一套，即有其機括性的，如飢而欲食，寒而欲衣，力量亦是很强的。對於這情形，人亦須時時留意，勿讓生命之本能意欲過分表現。若生命之自然意欲一旦集中專一而往某處求滿足，會很容易便搖動人的心志，使人作出一些不合理的、違反自己的本願的行爲來。這是人從事於修養自己時，所必須留心的問題。故一方面要持其志，使心志純一於義，以理御氣；另一方面對現實生命本有之意欲活動，亦須時刻留心，使其順適條暢，而不暴亂橫決。孟子的這番議論，十分細密，且切於道德實踐。

——摘錄自《國文天地》七十六年三月號

答

臺灣大學中研所博士班王基倫：首先，將《孟子》這四句話語譯出來，做爲以下討論的依據：

「一個持守心志、專壹不貳的時候，道德心秉其靈明，足以引導自然的生命氣力；然而當一個人涵養其氣、專壹不貳的時候，生命秉其氣力，也足以影響心志。譬如現在有人急走而跌倒，這是氣的作用，卻因此使心志跟著浮動不安起來。」（參考蔣伯潛《孟子新解》、曾昭旭《孟子義理疏解》而來）。」

這一節討論到志、氣的關係，是個很重要的問題。

按焦循《孟子正義》曾扣緊原文指出：「持其志使專壹而不貳，是爲志壹。守其氣使專壹而不貳，是爲氣壹。」例如，曾子所說：「自反而縮，雖千萬人吾往矣」，是在經歷過道德上的自我反省以後，確信自己是對的，於是理直而後氣壯，勇敢地承擔大任，這就是「志壹而動氣」的表現。又如北宮黝的「必勝」、孟施舍的「無懼」，皆强撐其氣在心中，未經歷過道德上的深入考量，因而其行爲表現，有可能是氣壯而理直，也有可能是氣壯而理不直，其間並無拿捏的準則，這就是「氣壹而動志」的後果。

顯然地，孟子不甚欣賞北宮黝、孟施舍二人的作法，且對於

「氣先志後」者，持斟酌保留的態度。也因此，他再以「蹶者趨者」之例，說明「氣」會干擾「心志」的現象。譬如一個快跑而跌倒的人，往往是因爲一股好强或急躁之氣使然，此純粹屬於氣的作用，不是他本來的心志所在。以此例看來，孟子並不贊同「氣反動其心」。

孟子的看法是：「志」是心之所之，是心智的思慮作用下，所定出的行爲方向；而「氣」是「所以充滿形體爲喜怒也」，是近似自然生命的情感動作之發用。志爲主，氣隨之，志可做爲人身行爲的主導，可以引導氣行事，所以孟子說過：「志，至焉；氣，次焉。」

但這並不意味著，氣完全聽命於志，因爲人們常在不合理的狀況下，有狂暴怨怒等情緒產生，這就是失去控制的氣。所以孟子在另一方面又强調：「持其志，無暴其氣。」可見持守其志，使心思更爲正大篤定，是一種修養方式；而致養其氣，使生命之情不再盲目浮動，也是一種修養方式。綜合持志、養氣這兩項修養工夫，才能將「道」、「義」溶入「氣」的生命，而有「浩然之氣」的產生。故孟子隨後即暢談「我善養吾浩然之氣」，志、氣相輔相成的修養論，必須至此才算圓滿完成。

明乎此，當能瞭解志、氣的問題和個人修養，有極密切的關連。

——摘錄自《國文天地》七十六年七月號

孟子談人格修養的六大進境

問　孟子說：「可欲之謂善，有諸己之謂信，充實之謂美，充實而有光輝之謂大，大而化之之謂聖，聖而不可知之之謂神。」是什麼意思？（苗栗讀者・羅志豪）

答　**淡江大學中文系副教授劉瀚平**：這是孟子答浩生不害之問，區分人格修養層層進程的六境：善、信、美、大、聖、神。

「**可欲之謂善**」。欲是求，孟子以爲人性中有可以欲求的道德本心。正是孔子：「我欲仁，斯仁至矣」的當然抉擇；這非出於勉强，猶如水之就下，是「我所欲」及「亦我所欲」的自由嚮往。心之可欲，正可以貞定人性「善」的尊嚴和價値。

「**有諸己之謂信**」。信是實，孟子以爲一己生命中，有眞正自主、自立可確切把握的心性，「君子所性，仁義禮智根於心」、「仁義禮智非由外鑠我也，我固有之也，弗思耳矣」。所以盡其心的功能「思則得之」，「不思則不得也」。如此，備足於己，「求則得之」便可以說「有諸己之謂信」。

「**充實之謂美**」。可欲是善，實得於己是眞，那麼擴而充之，若火之始燃，泉之始達，通透內外，圓融無礙，渾無罅縫。這就是「美」了。由於道德心的培養，疏通燃盡官能欲求的蔽障及渣質，不由自覺濾過純化，可以達到純粹美的境界。

「**充實而有光輝之謂大**」。當人對存在一己的心性，時作反省，常有溫然愛人利物之情愫，自怡悅足又不容已的呈現，既普遍沾潤，又超越昇華，彰顯生色，煥發光輝。《大學》三綱之首爲「明明德」，上「明」作動詞，即是大之。所以說：「君子所性，仁義禮智根於心，其生色也，睟然見於面，盎於背，施於四體，四體不言而喻」，就是君子透過人格修養而散發出光輝來。

「**大而化之之謂聖**」。除了散發鑑照萬物的光輝外，還能感化萬物。所謂：「君子所過者化，所存者神，上下與天地同流」。這種大化流行，是盡性知天，直向天道的高峯；存心養性以事天，修身俟之以立命，甚至到達可以保四海，沛然莫之能禦的地步了。「**聖而不可知之之謂神**」。盡心知性知天歸結到「天人合德」。不僅能盡其性，盡人之性，又能盡物之性，贊天地之化育，與天地參。此已超越理性思辨所能認知的層次，無聲無嗅、無思無爲、不落言詮；然而能體物而不遺，與天地合其德，與日月合其明，與四時合其序，與鬼神合其吉凶。非天下之至神，孰能臻於此呢？

羅先生您的問題，已觸及《孟子》書中殊爲難解的一段，儒家在一己的生命裡，找到牢靠可據的中心和契機，予人以無限發展的可能，在這裡我是試就《孟子》本文及《論語》、《大學》、《中庸》、《易傳》加以疏解。

——摘錄自《國文天地》七十八年二月號

何謂「執中無權」?

問 《孟子．盡心上》說：「執中無權，猶執一也。」執守中道的人必然會妥適的處理事情，其中就隱含了彈性處理事情的意思，爲什麼說「執中無權」?(臺北讀者．林明發)

答 **清華大學中語系副教授林聰舜**：由於您未仔細分辨「中」字的歧義，所以誤解了孟子的意思。這段話原文是：

楊子取爲我，拔一毛而利天下，不爲也。墨子兼愛，摩頂放踵利天下，爲之。子莫執中，執中爲近之；執中無權，猶執一也。

思　想

由這段話看來，子莫的執中，並不是持守中庸之道，而是在楊朱與墨翟的學說間尋找一中間點而執持之。這基本上仍是執一（執持一個定點），因爲中庸之道並不是在兩個極端的意見中尋找一個中間點，而是「極高明而道中庸」，否則只是折衷派、妥協派。

——摘錄自《國文天地》七十七年十月號

楊朱果真自私自利？

問

《孟子・滕文公》：「楊朱墨翟之言盈天下，天下之言，不歸楊則歸墨，楊氏為我是無君也……」，楊朱拔一毛利天下而不為，故孟子責叱他為無君，然而梁啓超先生卻說楊朱是：「無我的為我主義」，楊朱學說的眞義為何？為何一個極端自私思想，竟能取得許多人的信仰？（臺中讀者・齊水台）

答

高雄師大國文系教授劉文起：今所能見到楊朱之主張，多半是零星而片段者，若經整理過濾後，其立論之宗旨，端在「全性保眞」四字。《淮南子・氾論》云：

思想

全性保真，不以物累形，楊子之所立，而孟子非之。

所謂「全性保眞」，即說萬物各自有其形成之理，物各透過此理而生成，既不可造作，亦切忌勉强。明乎此，故人當避免因物欲之放縱而迷失墜落，此所謂「不以物累形」。人之要「全性保眞」，具體言之，即是「自愛」、「爲我」，其義爲何？《列子．楊朱》云：

> 禽子問楊朱曰：去子體之一毛以濟一世，汝爲之乎？楊朱曰：世固非一毛之所濟。禽子曰：假濟，爲之乎？楊子弗應。禽子出，語孟孫陽，孟孫陽曰：子不達夫子之心，吾請言之，有侵若肌膚獲萬金者，若爲之乎？曰：爲之。孟孫陽曰：有斷若一節得一國者，子爲之乎？禽子默然。有間，孟孫陽曰：一毛微於肌膚，肌膚微於一節，省矣；然則積一毛以成肌膚，積肌膚以成一節，一毛固一體萬分中之一物，奈何輕之乎？

此文之主旨，在指出社會人羣中之每一小我（體之一毛），倘都能「自愛」、「自重」（奈何輕之），則整個人羣之秩序，亦當能維持（「積一毛以成肌膚，積肌膚以成一節」）。因「自愛」、「自重」，就動機言之，雖是「爲我」（「全性保眞，不以物累形」），但因人人自重自愛，有所不爲，有所不取，分寸拿捏得宜，故就結果言之，亦即是「愛人」、「爲人」。故單以自私自利之觀點來視楊朱，豈非過苛？更何況〈楊朱〉又載其說云：

古之人損一毛利天下，不與也，悉天下奉一身，不取也。人人不損一毫，人人不利天下，天下治矣。

爲何損一毛而利天下不與？悉天下奉一身而不取？楊朱以爲不如此，不可以「全性保眞」，亦不可以臻至人生至樂。唯其能如此，人人不與不取，不獨一己可以免除物累，影響所及，則又可以人人愛人，人人爲人，果如此，「天下治矣」。「天下治」，豈非孟子所樂見？平心而言，孟子對楊朱之批評，恐未能客觀。我們只能說，在先秦「天下多察一焉以自好」之際，孟子的觀點與楊朱不同，而楊朱的想法，一如老莊一樣，較不容易實現而已，而實現與否，並無損於學術價值。「吾言甚易知，甚易行，天下莫能知，莫能行。」老子之言，確有卓識。

——摘錄自《國文天地》七十六年十二月號

《大學》、《中庸》何時獨立成書？

問

《大學》原是《禮記》中的一篇，何時才被獨立成書的？坊間一般參考資料說是程子將它獨立，然而司馬光作〈大學廣義〉被程子所採信，是否司馬光應當列爲獨立《大學》成書之第一人才對？另《中庸》的情況又如何呢？（臺南讀者．蕭平奕）

答

臺灣師大國文系副教授傅武光：《大學》原在《禮記》中，直到北宋，才被單獨提出來。最早把它提出來的，是宋仁宗，他在天聖八年（西元一〇三〇年，司馬光十二歲），拿《大學》一軸賜給進士王拱辰；又在寶元元年（西元一〇三八年）拿《大學》分賜新科進士（以上俱見王應麟《玉海》）。至於研究《大學》，而最早有專著的，當推

思想

司馬光，他著有〈大學廣義〉及〈致知在格物〉各一篇。程顥、程頤兄弟比司馬光分別小十四、十五歲，二人都疑《大學》有「錯簡」（文句錯亂），而爲它重新調整，各有《大學定本》一卷傳世。且將它與《論語》、《孟子》、《中庸》並稱爲「四子書」。到南宋朱熹，始定名爲《四書》。總之，最早將它提出表彰的，是宋仁宗；最早作單篇研究而有專著的是司馬光，最早把它當「獨立之書」的是程子。

至於《中庸》，很早就有人把它從《禮記》中提出來作專門的研究。《漢書・藝文志》載有〈中庸說〉二篇，清人王鳴盛認爲那就是《中庸》的解詁。到了南朝宋・戴顒有《中庸傳》二卷，梁武帝有《中庸講疏》一卷，張綰等合撰有《私記制旨中庸義》五卷（俱見《隋書・經籍志》）。唐代李翺作《復性書》三篇，以祖述《中庸》爲主。到了北宋，邢昺曾在宋眞宗面前陳述《中庸》：「凡爲天下國家有九經」一段大意，獲得眞宗的嘉許。仁宗在天聖五年，曾以御書《中庸》賜進士王堯臣等各一軸。范仲淹則曾送張載《中庸》一篇，勉他從事聖人之學；胡瑗著有《中庸義》一卷，司馬光著有《中庸廣義》一卷。總計北宋時期《中庸》的專著就有二十幾種。可見它的受重視，遠比《大學》爲早，也略比《大學》爲盛。

——摘錄自《國文天地》七十八年八月號

「三綱」的說法，起自何人？

問　三綱的說法是由何人提出？是否符合儒家思想？

（臺北讀者．陳紹義）

答　**清華大學中語系副教授林聰舜**：三綱的具體條文，是西漢末年成書的《禮緯》正式提出的，《禮緯．含文嘉》云：「禮者，履也。三綱謂君爲臣綱，父爲子綱，夫爲妻綱。」到了東漢的《白虎通德論》（簡稱《白虎通》），更以政治力量強調三綱的倫理規範，進一步鞏固尊卑秩序。

然而，三綱的具體條文雖由《禮緯》才正式提出，始作俑者卻是董仲舒。他雖然沒有正式講出：「君爲臣綱，父爲子綱，夫爲妻綱」的話，但三綱之名由他而起，三綱之實也經由他的鼓吹而深入人心。董氏並且配合陰陽五行的天人感應論，用以證明三綱的永恆性與合理性。例如《春秋繁露．基義》云：「天爲君而覆露之，地爲臣而持載之；陽爲夫而生之，陰爲婦而助之；春爲父而生之，夏爲子而養之。……王道之三綱可求於天。」又云：「君臣父子夫婦之義，皆取諸陰陽之道。君爲陽，臣爲陰；父爲陽，子爲陰，夫爲陽，妻爲陰。……是故臣兼功於君，子兼功於父，妻兼功於夫，陰兼功於陽，地兼功於天。」另外，董氏亦把五行相生的關係比成父子關係或君臣關係，〈五行之義〉云：「故五行者，乃孝子忠臣之行也。」董氏既將尊陽卑陰的觀念與五行相生相勝的關係附會到人倫秩序上，於是人倫秩序都是天定的，成爲體現「天」之意志與目的的東西，因而君尊臣卑、父尊子卑、夫尊妻卑的人倫秩序都變成天經地義了。順著這種絕對的、片面的尊卑貴賤制度發展下去，出現「吃人的禮教」是必然的。

先秦儒家講的是相對的道德觀念，例如孔子說：「君使臣以禮，臣事君以忠。」（《論語·八佾》）孟子說：「君之視臣如手足，則臣視君如腹心；君之視臣如犬馬，則臣視君如國人；君之視臣如土芥，則臣視君如寇讎。」（《孟子·離婁下》）提出片面服從之道德觀念的是法家的韓非，他說：「臣事君，子事父，妻事夫，三者順則天下治，三者逆則天下亂，此天下之常道也。」（《韓非子·忠孝》）這已是三綱說的先聲。

孔孟雖然不講絕對且片面服從的倫理規範，但儒家重人倫、重秩序、提倡社會的穩定性，當大一統的專制帝國逐漸定型後，隨著專制統治的强化，儒者爲適應專制大一統的需要，逐步發展出嚴格規定尊卑貴賤的三綱之說卻不能算是意外。更由於三綱之說反映了地主官僚階層的利益，保護他們不容挑戰的地位，三綱的道德規範在舊中國得到「日新又新」的發展是不用訝異的。

——摘錄自《國文天地》七十七年七月號

「惟其義盡，所以仁至」詳解

問 國中國文第五冊第十課〈文天祥從容就義〉中的：「惟其義盡，所以仁至」一句，請詳解之。（嘉義讀者．吳艷雅）

答 **臺灣師大國文系教授賴明德：**仁和義是儒家思想中極爲重要的兩個德目，宋儒朱熹詮釋仁是：「心之德，愛之理」，義是：「心之制，事之宜」（見《孟子集注．梁惠王章句》），可見二者本是人的心性表現在立身處世時，一體的兩面而已。孔子認爲仁的極致是：「無求生以害仁，有殺身以成仁」（《論語．衛靈公》）孟子認爲義的極致是生和義二者不可得兼時，應當「捨生而取義」（《孟子．告子上》）。孔、孟二人的旨意在啓示人們：人和禽獸的最大差異

思　想

在人能深刻的領悟到道德精神遠超過軀體的純粹生存。故人們應該自覺到道德生命的完成比軀體生命的存在更爲重要。這不是要存之於心，而且要見之於行。每當遭遇到道德生命和軀體生命二者無法兼顧的重要關頭，寧可保持前者捨棄後者。

人性的尊嚴，人之情操的可貴即在此。取義即是成仁，即對道德生命的執著和堅持，二者只是一體兩面的說法而已，其間並無輕重軒輊的差別存在。詳細道理可參考唐君毅先生著《中國哲學原論》。

——摘錄自《國文天地》七十六年四月號

「佛曰不可說」有何深意？

問

貴刊《水月小札》介紹精彩的佛門故事，生動活潑又富含禪理，但我總不瞭解，佛曰：「不可說，不可說」，但故事中的師父徒弟卻屢以打耳光、「輾損師腳」等動作來宣示禪理，這雖然「不落言筌」，又豈非掉入「形體之相」？如眞「不可說」，那佛教宣示教義及神像、膜拜形式等，意義又何在？（臺北讀者．程淑芳）

答

臺灣大學哲學系副教授楊惠南：拙作《水月小札》中的禪門小故事，常描寫禪師們假用打耳光、「輾損師腳」等動作，來詮釋禪理。這確實是難以理解而容易誤解的事情！現在借這一機會，略做下面的補充：

思想

一、禪師所體悟的禪理，原本無法用一般的語言文字來表達，這是佛經中所謂的：「不可說，不可說」！但是，禪師們爲了普渡衆生，又不能不說；這即佛經中所謂的「方便說」。因此，在「不可說」和「方便說」之間，並沒有「自打耳光」的矛盾現象存在。「方便說」，只是「不可說」中，不得已的一種權宜之計罷了！

二、禪師們既然不得不採取「方便說」，來普渡衆生，那麼，就必須利用特殊的「語言」，來把原本「不可說」的禪理「（方便）說」出來。這一特殊的「語言」，可能是一句聽起來和弟子的問題彷佛不相干（而實則相干）的回答；例如，弟子問：「什麼是祖師西來意？」禪師則答：「庭前栢樹子！」

其次，這一特殊的「語言」，也可能是「身體的語言」，亦即某種動作；例如，弟子問：「如何是道？」禪師以揚眉瞬目做爲回答。（「輾損師脚」亦是其中一例）

另外，這一特殊的「語言」，也可能是默然不語。

總之，不管是答非所問，或是以「身體的語言」（動作）而答，或是默然不答，都是爲了突顯禪理的遠離言詮而「不可說」；這即是禪門所謂的「言語道斷，心行處滅」。

三、由以上兩點說明，還可推而廣之：佛理雖然「不可說」，但不妨「方便說」，所以《般若經》說：「說而無說，是眞般若（智慧）！」同樣地，眞佛（法身佛）原本無形無相，卻也不妨借助有形有相的佛像，來達到普渡衆生的目的。這是爲什麼佛門鼓勵人們禮敬佛像的原因。（不過，在禪寺中，往往不設供人禮拜的佛堂，只設靜坐的禪堂；目的是破除人們對於佛像的依賴和執著。唐代百丈懷海所立下的《淸規》，即依這一理念而制訂。）

——摘錄自《國文天地》八十年七月號

父母犯法，子女能否「大義滅親」？

問

儒家主張父母有過，子女當「幾諫」，若父母想做違法的事，子女諫阻不得時當如何？父母犯法，子女能否「大義滅親」？（臺北讀者・陳紹義）

答

清華大學中語系副教授林聰舜：首先要澄清，「幾諫」只是委婉地規勸，不是強父母從己，所以孔子說：「事父母幾諫，見志不從，又敬不違，勞而不怨。」（《論語・里仁》）基本上父子之間主恩，「門內之治，恩掩義。」（《禮記・喪服四制》）因此孟子云：「責善，朋友之道也，父子責善，賊恩之大者。」（〈離婁下〉）。

至於父母犯法，子女能否「大義滅親」的問題，《論》、《孟》中各有一段話可供參考。《論語・子路》：「葉公語孔子曰：『吾黨有直躬者，其父攘羊，而子證之。』孔子曰：『吾黨之直者異於是。父爲子隱，子爲父隱，直在其中矣。』」《孟子・盡心上》：「桃應問曰：『舜爲天子，皋陶爲士，瞽瞍殺人，則如之何？』孟子曰：『執之而已矣！』『然則舜如之何？』曰：『舜視棄天下猶棄敝蹝也。竊負而逃，遵海濱而處，終身訢然樂而忘天下。』」

由這兩段文字看來，孔、孟思想中並沒有「大義滅親」的觀念。由於父母子女間有擺不開的血肉親情，儒家面對親情倫理與政治倫理的衝突時，通常採取迴避的態度，他們縱然不願破壞國法，也絕不至於對父母執行司法工作：「大義滅親」。至於「三綱」之說盛行後，由於「父爲子綱」，天下無不是的父母，諫阻父母已不可思議，更不用談「大義滅親」了。

「大義滅親」的觀念，其實更接近法家的主張，韓非認爲價值標準不能有二，而公私相背，「君之直臣，父之暴子。」、「父之孝子，君之背臣。」（《韓非子・五蠹》）因此稱許直躬「其父竊羊而謁之吏」的行爲，批判楚令尹誅罰直躬的不當，謂：「令尹誅而楚姦不上聞。」（同上）當然，法家追求的是「君國之利」，想建立人主絕對的權力，雖然主張「滅親」，還談不上是「大義」。

由此看來，父母犯法，由子女當證人或司法警察的角色，是違背儒家思想的。不過，後人對「大義滅親」這句話的運用相當廣泛，譬如鄭成功拒絕清廷以其父爲質相要挾的招降，使鄭芝龍遭到清廷殺害，後人就十分稱許鄭成功這種「大義滅親」的行爲。但這種「大義滅親」與子女對父母執行司法工作的「大義滅親」應有所區別，讀者幸勿混淆。

——摘錄自《國文天地》七十七年八月號

如何查考「明清實學人物」的資料

問

閱讀貴刊第六十五期〈「實學」是什麼?〉(中)一文,提及「科學實學」的主要代表人物有李時珍、朱載堉、徐光啓、宋應星、徐弘祖、傅山、方以智等人,這些人中,除李時珍、宋應星、方以智較具知名度外,其餘學者多半是一般人不熟知的,請問如果要進一步得知他們的生平資料應如何查考?他們對當時又有那些重要貢獻?

(澎湖讀者・黃小貞)

答

臺灣大學中文系教授古清美:民國七十八年齊魯書社出版的《明清實學思潮史》一書中,對明清實學人物的生平、學術成就及貢獻都有詳細的介紹,可以參考。

思　想

朱載堉，是明太祖的九世孫，生於嘉靖十五年，卒於萬曆三十九年（西元一五三六～一六一一年）。對於音律、樂器、數學、曆法、舞譜等方面皆有極精到的研究，其《樂律全書》包括十四部著作，是我國科學史和文化史上的一部巨著。其生平可參考《明史》卷一〇九〈諸王列傳〉、清順治《河南通志》卷五十八〈人物〉。近人研究有戴念祖《朱載堉——明代的科學和藝術巨星》，人民出版社，西元一九八六年版。

徐弘祖，江陰人，生於明萬曆十四年，卒於崇禎十四年（西元一五八七～一六四一年）。他是一個偉大的旅行家和地理學家；對中國各處的地形、地質、河流、水系，用比較研究的方法，在近代科學興起以前已有許多寶貴的發現。其《徐霞客遊記》一書是一部中國罕見而傑出的地理學著作和文學遊記。此書中即附有其墓誌銘、記述其事甚詳。

傅山，字青主，山西陽曲人，生於明萬曆三十五年，卒於清康熙二十三年（西元一六〇七～一六八四年）。明末時主張改革，明亡後從事反清，晚期兼採百家之說，獨闢蹊徑，自立學術，成一家之說。他長於書法、繪畫，又懂拳法（有《傅山拳譜》一書），更精於醫術，其醫學著作極爲後人所重視而加以研究。有《霜紅龕集》。

■傅山

又徐、朱二人傳記資料可查中央圖書館所編《明人傳記資料索引》，傅山不在其內，然可見於全祖望《鮚埼亭集》卷二十六〈陽曲傅先生事略〉。

——摘錄自《國文天地》八十年元月號

如何達到「世界大同」？

問 〈禮運大同篇〉揭櫫的「世界大同」理想，究竟是怎麼的「大同」法？如何達到世界大同？又如何將遠古較單純或較不周備的思想給予合理的、現代的解說？（苗栗讀者・蔡自祥）

答 **總統府資政陳立夫先生**：我國祖先最重視「正名」，因為「名不正則言不順，言不順則事不成」，因此要知道「大同」的眞義，須先看其先決條件是什麼。〈大同篇〉開始就說：「大道之行也，天下為公。」可見「大同世界」是以「公而無私的道德」為基礎的。每一個國家，有其自身的歷史文化，必須相互尊敬，不可强人同我（資本主義者與共產主義者均欲强人同我也），强人同我，是私也，必

解 惑 篇

也「愛其所同，敬其所異」，忍小異而持大同，世界才有眞正和平之可言，故「大同」二字，亦即代表「大體相同」的意思，所謂君子之交淡如水者，蓋從道義之大者，而非從利害之小者。人與人如此，國與國亦如此也。

——摘錄自《國文天地》八十年八月號

何謂「形象思維」？

問　大陸出版的書，經常有「形象思維」一詞，應該如何解釋？（臺北讀者・孫于惠）

答　**清華大學共同學科哲學講師林安梧：**大體而言，所謂的「形象思維」當是對於英文 imaged thought 的翻譯，德文當作 Gestaltungen，這可以是一美學的用語，它所指的正與所謂的「邏輯思維」相對反。依義大利的美學家克羅齊（B. Croce 西元一八六六～一九五二年）所說，形象思維乃是一種想像的認識，而邏輯思維則是一理智的認識。我們亦可以說前者是產生形象的思維，而後者則是產生概念的思維。

就歷史的演進而言，「形象思維」相當於古希臘人所說的phantasia及古羅馬人的imaginatio，在中世紀和文藝復興時期這兩者合併使用，不過有些學者則將之區分開來，以phantasia指高級的、富於創造的想像，而以imaginatio指低級的幻想和夢想，浪漫主義romanticism將此肯定下來並普遍推廣；但地域上有些差異，德國及義大利的作家常以phantasie、fantasia爲高級的想像，而以Einbildungskraft、immaginazione爲低級的幻想；英、法的作者正好相反，他們大底以imagination指高級的想像，而以fancy、fantaisie指低級的幻想。

古典主義的理論家一方面承認「想像」（形象思維）是文藝創作的主要特徵，但又貶斥它說是理智的仇敵，是正確認識的障礙；浪漫主義者則强調概念或邏輯思維也得依靠想像，他們强調「想像」（形象思維）是最主要、最必須的心理功能。

總的說來，「形象思維」並不是把自己當作一經驗的主體而和外界事物對立而構成的邏輯思維，而是將我們的生命融入生活周遭而獲得一整體不分的感覺，即此感覺便成一客觀的存在。（以上所述多處引自《論形象思維》一書，里仁書局出版。）

——摘錄自《國文天地》七十八年十二月號

何謂「體」？何謂「用」？

問 哲學中有「體用」這個詞語，什麼是「體」？什麼是「用」？能否請用淺白的話說明？可否舉例說明？（苗栗讀者・詹明智）

答 清華大學共同學科哲學講師林安梧：「體用」一詞在中國哲學傳統中廣泛的被使用，而且語義亦頗歧出含混。但大體說來「用」指的是「本體」，而「體」指的是「作用」，就此而言應頗清楚。問題是中國哲學傳統極為強調「即用顯體」，故「體」、「用」形成一互動的對比關連。「體」不是一敻然絕對的超越之體，「用」亦不祇是一工巧技藝之用。如王夫之所言：「即體而言，用在體；即用而言，體在用」，便可由此獲得進一步的理解。

思　想

就思想觀念的演進而言，「體用」連稱可能自漢以後而盛行，並極可能受到「佛教」的影響。不過早在先秦《易經》即有所謂：「形而上者謂之道，形而下者謂之器」，《老子》亦有「有」、「無」之說，而宋明理學家則有「理氣」、「心氣」、「理象」、「理事」之別，皆可視爲「體用」範疇之其他表現方式。

由於中國哲學極爲强調人文的首出性（優先性），認爲天地萬物皆得經由人的理解、詮釋、參贊、化育，因此他運用「體」與「用」這組概念來思考問題時，便將「人」視爲參贊「體用」的核心。換言之，由於人是作爲一個具有主體能動性的參贊者，他一旦進入了所謂「用」的層次，就必然要有一「即用顯體」的要求。人既是一個具主體能動性的參贊者，潛在上就自視爲一個「實體」，他可以通過「主體」的作用，彰顯其一個「實體」。這亦即通過「即用顯體」，再「承體啓用」。

以上所說，大底是關連著儒、釋、道三家的哲學傳統而對「體用」一詞所做的概括說明。較爲麻煩且值得一提的是，晚清以來，

解惑篇

由於西洋文化的衝擊，傳統的知識分子（如張之洞）即提出「中體西用」的論調，以爲回應，他們將中國文化視爲道德之體，是永世不遷的，而西方文化則視爲科技之用，是依時而變的。

後來的傳統主義者即順此路向，意圖以中國文化爲根本而邁入現代，結果遭到「全盤西化」論者的更大打擊。近人李澤厚又提出「西體中用」的論調，字面上看來似與「中體西用」對反，其實不然。因彼所謂的「西體」，非指道德之體，而是制度、器物等結構之體；彼所謂的「中用」，非指科技之用，而是强調一實踐的歷程，以涵化西方文化的結構之體。

「體用」這組概念範疇不易做一生硬的定義，它必須在言說的背景、脈絡中去理解，或許這也叫「即用顯體」吧！

——摘錄自《國文天地》七十八年九月號

作者索引

四 畫

作 者 索 引

解　惑　篇

作者索引

七　畫

八　畫

作者索引

解　惑　篇

九　　畫

作　者　索　引

十　畫

十 一 畫

解　惑　篇

作 者 索 引

解　惑　篇

作 者 索 引

十 二 畫

解　惑　篇

作者索引

十三畫

作者索引

十六畫

十七畫

十八畫

作 者 索 引

十 九 畫

二十二畫

國立中央圖書館出版品預行編目資料

解惑篇：國文疑難彙解／王熙元，黃慶萱等著. ——再版. ——臺北市：萬卷樓發行：三民總經銷，民83
冊；公分. ——（教學類叢書；26-27）
ISBN 957-739-120-6（一套；平裝）

1.國文-教學法

524.31 83008912

解惑篇（上、下）

著　　者：王熙元、黃慶萱等
發 行 人：葉曉珍
總 編 輯：許錟輝
責任編輯：李冀燕
發 行 所：萬卷樓圖書有限公司
台北市和平東路一段67號14樓之1
電話(02)3216565・3952992
FAX(02)3944113
劃撥帳號15624015
總 經 銷：三民書局股份有限公司
台北市復興北路386號
訂書專線(02)5006600（代表號）
FAX(02)5164000・5084000
承印廠商：晟齊實業有限公司
定　　價：750元
出版日期：民國83年10月再版
出版登記證：新聞局局版臺業字第伍陸伍伍號

ISBN 957-739-119-2